T0178894

Educa bonito

Educa bonito

Educación positiva para crecer desde el cariño y el respeto mutuo

María Soto Álvarez de Sotomayor

VERGARA

Papel certificado por el Forest Stewardship Council®

Primera edición: septiembre de 2020

© 2020, María Soto Álvarez de Sotomayor
© 2020, Penguin Random House Grupo Editorial, S. A. U.
Travessera de Gràcia, 47-49. 08021 Barcelona

Printed in Spain - Impreso en España

ISBN: 978-84-17664-92-3
Depósito legal: B-4.124-2020

Compuesto en M. I. Maquetación, S. L.

Impreso en EGEDSA
Sabadell (Barceloa)

VE 6 4 9 2 3

Penguin
Random House
Grupo Editorial

Para Antón, María Elena y Yago

Y para mi abuela, mi sherpa

ÍNDICE

VOLAR

De todas las veces que vas a nacer en tu vida, el día que conozcas a tus hijos, la primera vez que huelas su piel y escuches su llanto, esa será tu llegada más real. El más maravilloso despegue y, al mismo tiempo, el aterrizaje más aterrador. No hay nada igual. No tienes ni idea de pilotar ese avión, ni siquiera sabes dónde sentarte ni dónde ubicar a tu familia. No encuentras las salidas de emergencia, los chalecos salvavidas o el piloto automático. Pero, aun así, vuelas y te enfrentas a turbulencias, amenazas de bomba y tormentas. No sabes cómo, pero vuelas.

Porque el suelo bajo tus pies, el camino que creías seguro y conocido, las baldosas amarillas que te habían traído hasta aquí, simplemente, desaparecen. Todo lo anterior se transforma, se ve cada vez más pequeñito y lejano, y a medida que te elevas, piensas que no sabes qué estás haciendo ahí, pero que ya no serías capaz de volver a ese antes. A esa tú, de allí abajo.

Te habían hablado mil veces de ese momento. Te habías leído mil manuales de vuelo e incluso habías utilizado el simulador con sobrinos, hijas de amigas o alumnas… pero nadie te había hablado de esa doble sensación de peso e ingravidez que se tiene al mismo tiempo. Porque mientras vas procurando mantener la estabilidad sin saber realmente dónde vas, te das cuenta de que nadie más que ellos, tus hijos, van a ser capaces de enseñarte a ser madre. A ser padre. Pero es que tampoco te había contado nadie que puedes escoger. Decidir entre morirte de miedo o disfrutar del vuelo, sentir unas cosquillas en la barriga como las que te producían las atracciones de las fiestas de tu pueblo.

¿Te acuerdas?

Quiero contarte cómo intentarlo, cómo convertir este salto a ciegas en el mejor y más emocionante viaje de tu vida. Porque no sabes cómo lo estás haciendo y piensas demasiadas veces al día «No podemos caernos»… y eso significa que no has aprendido aún a aprovechar las corrientes de aire, a confiar y a hacer piruetas apagando el motor de vez en cuando.

Quiero enseñarte cómo empecé mi vuelo con los mismos miedos que tú, y ahora, aunque cada día despego y aterrizo casi sin aliento, aunque yo también sigo sintiéndolos, no me rindo… quiero hacer de mi familia un equipo que pilote conmigo, trabajando juntos, cada uno en su lugar, pero todos con la vista puesta en el mismo cielo.

Este libro no está escrito por un catedrático de Pedagogía, no pretende ser un best seller y no encontrarás en él ninguna receta mágica e infalible que elimine por completo cualquier problema en tu familia. Quizá encuentres entre sus líneas alguna noche sin dormir, alguna pizca de esperanza, un trocito del sueño de una vida mejor para mis hijos o alguna carcajada inspirada por un atardecer jugando con ellos en la playa.

A lo mejor tropiezas con algún párrafo escrito después de un abrazo o justo antes de algún llanto de agotamiento, y seguro que lo notas. Porque al escribir como vivo, me vienen las palabras con la misma libertad con que mi mar me despeina el pelo. Y eso se siente de lejos.

Léeme con calma, yo te escribo desde mis madrugadas, mientras todos duermen, después de haber improvisado alguna nana o un par de cuentos de buenas noches. Esto no es un método educativo, es la transcripción de cómo quiero enseñar a mis hijos a bailar la vida… Más que un montón de consejos, es mi confesión para ellos.

1

Educación consciente en el siglo XXI

En mi ciudad hay un monumento con forma de lazo blanco, erigido en honor a tres policías, los llamados «héroes del Orzán», que no dudaron en tirarse al mar para salvar a un chico que no era capaz de volver a la playa. Ninguno de los cuatro lo consiguió, y cada vez que paso por allí y veo ese lazo que parece ondear al viento en la orilla del océano, pienso que no somos los de las masacres, los del odio o los del miedo... Nosotros somos los de la compasión, los que se tiran al agua para salvar a los demás, los que atraviesan un país por un solo beso, los que trasnochan para hacer una tarta de cumpleaños, los que componen canciones de fiesta, los que dedican su vida a echar una mano al otro lado del mundo, los que meditan, cantan, bailan y rezan, somos los que escriben entre rejas «Soy el capitán de mi alma» o lloran viendo La vida es bella.

Nos merecemos una educación digna, que deje de mentirnos, amaestrarnos, clasificarnos, culparnos y enfrentarnos, que deje de someternos a ese miedo, que no siga anulando todo el amor que somos, toda la luz y la fuerza, todas las ganas de vivirnos a flor de piel. Nos merecemos no dejar nunca de crecer, no quedarnos en el «Muy mal» o el «Muy bien», que se nos permita despertar, porque somos los que convierten un trozo de madera en una sinfonía, los que ganan medallas en sillas de ruedas, los que saben agradecer hasta el valor que nace en un mal diagnóstico y son capaces de escribir poemas de amor con el corazón roto.

Somos gritando la vida en un parto y somos decorando con flores los recuerdos y las despedidas de nuestros muertos.

No somos el dolor que causamos porque se nos desborda algunas veces. No entendimos para qué servía, a veces nos sentimos perdidos, es solo eso…

Si hemos llegado hasta aquí, si somos capaces de perdonar, amar y no dejar de creer habiendo crecido tan solos y con tanto miedo, imagínate lo que seríamos capaces de sanar, crear y sentir si nos atreviéramos a hacerlo encendiendo la luz, con el corazón al aire y los ojos abiertos.

Vamos a perdonarnos la ceguera y devolvernos los abrazos perdidos, vamos a agradecer a nuestros hijos la oportunidad de volver a sentirlo todo de nuevo, la esperanza de entender que no nos hacen falta héroes y heroínas porque ya somos de carne y hueso. Somos los valientes de la ilusión por los caminos inciertos. Y vamos a volver a crecer libres y despiertos.

Consciente

1. adjetivo. Dicho de una persona: Que siente, piensa y actúa con conocimiento de lo que hace.

«A mí me educaron así y soy normal (estoy bien)»

Si has oído esta frase alguna vez como justificación del inmovilismo educativo y al escucharla te han dado ganas de rendirte y abandonar la conversación, o si por el contrario has intentado defender todavía con más furor tu argumento en contra, bienvenida a este libro.

Si tú misma has suscrito esta idea y sigues con la convicción de que la educación recibida por nuestra generación nos ha permitido crecer como personas adultas, maduras y «normales», pero, por alguna razón, alguien te ha ofrecido esta lectura, bienvenida.

Me gustaría proponerte unas cuantas dudas, permitirnos la licencia de compartir alguna que otra contradicción y ver si somos capaces de llegar a otro sitio juntas. Movernos. Porque ese es el secreto de todo lo que está vivo: el movimiento que nos mantiene en un equilibrio oscilante entre la luz y el caos.

Todo lo que está quieto está muerto.

Solía decirlo a menudo mi querida profesora de Biología. Ella sabía que con sus palabras también nos enseñaba Filosofía.

¿Qué solemos entender por «estar bien»? Cuando alguien dice que «está bien», ¿a qué se refiere? ¿A sus estrategias de gestión emocional? ¿A los sentimientos que conoce? ¿A un estado de paz? ¿A su manera de afrontar los problemas en la vida? ¿A su forma de conseguir lo que necesita? ¿A la posición social alcanzada? ¿A los recursos que utiliza para relacionarse de manera equilibrada consigo mismo y con los demás?

¿Qué es «ser normal»? ¿Cumplir con un patrón de conducta o con un estereotipo físico determinado? ¿No quebrantar las leyes? ¿Sobrevivir sin hacer mucho ruido? ¿Ser consecuente con tus ideas? ¿No hacer daño a los demás? ¿Tener **sentido común**?

Estarás de acuerdo conmigo en que este concepto de «normalidad» y «bienestar» es totalmente subjetivo e insuficiente si lo que tenemos entre manos es algo tan importante, tan intenso y tan trascendente como educar a nuestros hijos.

¿Quién quiere ser normal pudiendo ser un paso de baile, un eslabón o una ficha del puzle, uno de los capítulos más importantes en su historia? ¿Quién quiere estar bien pudiendo estar despierto?

Somos todas buenas personas, de eso no me cabe duda, más o menos confundidas, solas o dolidas, pero buena gente, seguro, y podemos considerarnos «normales», podemos sentir que estamos bien… Pero ¿lo estamos realmente? ¿Somos una sociedad sana preparada para ser ejemplo de generaciones futuras? ¿Sentimos, pensamos y actuamos con conocimiento de lo que hacemos? ¿Cómo nos alimentamos? ¿Cómo nos exponemos de forma totalmente deliberada e irresponsable a dispositivos y sustancias nocivas? ¿Cómo nos hemos desconectado de nuestros propios instintos, de la naturaleza de la que formamos parte?

Lo estamos destilando en adicciones, en soledad crónica y consumismo voraz, en medicar el inconformismo, en relaciones tóxicas, violencia normalizada, miedos que nos bloquean y demasiada energía perdida en pisarnos para intentar crecer cada uno por su lado.

Individualismo, que es contrario a la esencia social humana. Son actitudes que provienen de una infancia mal acompañada por adultos solos e insatisfechos consigo mismos.

Estoy siendo muy dura, pero es que no creo que estemos bien. Hemos asimilado un patrón atrofiado de vida en el que llamamos «arte» a la guerra y «pobreza» a una existencia libre. Utilizamos más recursos en arrasarlo todo, en destruirnos entre nosotros y a nosotros mismos que en comprendernos y disfrutarnos. Necesitamos parar y darnos muchos más abrazos.

Admitámoslo, nos hemos acostumbrado a esto. A complicarnos. Pero no podemos decir «normal» ni «bien».

Quizá es una caricatura de lo que podríamos llegar a sentir, o una versión de prueba de cómo podríamos llegar a ser. Porque estamos a generaciones luz de lograrlo. Pero ¿sabes qué? Ya hemos empezado.

No sé si te has sentido incómoda, emocionada, molesta, sorprendida, motivada o ilusionada, pero te has movido, no estás en el mismo lugar en el que estabas al tocar la primera página. Bienvenida.

El argumento de la necesidad de un cambio educativo, es parte de un concepto muy sencillo.

No se crecía igual en 1921 que en 2020, ya no hacemos amigos jugando solos en la calle, ya no comemos frutas de temporada que hayamos plantado con nuestras propias manos, ya no tenemos tiempo para perder.

¿Alguna vez has visto un cenicero rebosante de colillas y ceniza en la consulta de un pediatra? ¿Has viajado sin cinturón, sin aire acondicionado y sin silla anatómica, atravesando el país para ir de vacaciones con tu familia? ¿Alguna vez has visto retirar el amianto de una casa?

Yo he visto anacronismos educativos equiparables a todo esto, muchas veces. Formas de educar con herramientas de un sistema social que ya no existe.

Si todo ha cambiado, ¿por qué pretendemos educar como lo hacíamos en el siglo pasado? No te hablo de valores, te hablo de la manera de transmitirlos. Ahí está la verdadera clave de todo.

Si hemos alcanzado los mismos niveles de progreso en todas las facetas que nos definen, en todos los campos que se supone que dominamos, ¿por qué no darle a la educación la consciencia y los avances que se merece?

Está claro que la ciencia se reinventa cada día, y avanza porque se revisa. Porque se investiga, porque se duda y se replantean los principios que haga falta. También está claro que los intereses que mueven a la ciencia no siempre son los mismos que deberían mover a la educación pero... ¿por qué es tan importante asimilar este concepto de «progreso educativo»? Porque la forma en la que queramos y enseñemos a nuestros hijos las cositas pequeñas del día a día, será la forma en la que aprenderán a relacionarse y a entender la vida. Cómo se sienten los hijos respecto a las personas que les enseñan es la clave del cambio. Así pues, la revisión de cómo vamos a mostrarles los caminos será lo que marque la diferencia.

Educar de manera consciente y respetuosa, utilizando herramientas de conexión, no significa que queramos enseñar cosas que nieguen nuestros instintos o el bagaje de la sabiduría ancestral, no buscamos valores modernos y radicales que anulen todo lo anterior.

Simplemente, podríamos plantearnos si esta sociedad «normal» puede revisar los patrones que a nosotros nos han hecho crecer desde la culpa, para ayudar a nuestras hijas e hijos a crecer desde sus fortalezas.

La innovación educativa se ha convertido en un calco de lo que ya no nos sirve en versión 3.0. Estamos usando herramientas obsoletas de modificación de conducta, aunque con dispositivos nuevos. Y a lo mejor no se trata de enseñar más idiomas, más programación o más vocabulario emocional en una tablet; a lo mejor el cambio necesario, la innovación real y acorde con este siglo, nos habla de situar a nuestros hijos en donde necesitan estar para ser partícipes de la sociedad.

Se trata, precisamente, de eliminar todo lo superfluo e ir a la raíz de las cosas. A la piel. A volver a conocernos, a priorizar los besos de buenas noches y a entender que nada se aprende si no se ama. Nada se enseña si no se es.

Ya no vivimos en una sociedad vertical en la que las familias numerosas llenaban de niños las calles sin coches. Los grupos humanos han cambiado, porque, de hecho, ya casi no quedan tribus. Somos vecinos desconocidos, parientes de fiestas de guardar e hijos de ocho de la tarde a diez de la noche. Las familias se diversifican, se replantea el concepto de «amor», las diferencias, por fin, se sienten con orgullo.

Si llevamos siglos temiendo todo lo nuevo y distinto, ¿cómo vamos a incluirlo si no sabemos hacerlo? ¿Cómo no vamos a revisar la forma de enseñar empatía si solo nos vemos un par de horas diarias? ¿Cómo no replantearnos el modo de transmitir las habilidades sociales si nuestros hijos se cansan de discutir siempre con el mismo hermano?

Los cambios sociales son los que son. Los aceptamos y en algunos casos los celebramos, pero debemos adaptarnos a ellos. Hay muchos menos niños, muchas más opciones, mucho menos tiempo y ya no están tan claras las posiciones. No hay arriba y abajo. Papá y mamá mantienen una relación de igualdad, ya ningún adulto «manda» sobre otro en la familia. Ya no llamamos de «usted» a la abuela.

Si la autoridad o la jerarquía tuvieron sentido en algún momento, ya lo han perdido por completo cuando pretendemos enseñar qué es el respeto. Situarse por encima de alguien haciendo uso del poder, quizá evite algunas conductas, pero no educa. Porque el miedo y la humillación bloquean el aprendizaje. Estamos en el siglo del cambio, ya podemos **ser**, Pero ¿cómo lo hacemos?

Aunque la frase despectiva «Es que los niños de hoy en día son...» la hayan dicho todas las generaciones anteriores desde el origen de los tiempos, sí que podría parecer que algo no encaja hoy en día. Y es exactamente eso.

Los niños no pueden encontrar su lugar y crecer conectados con una sociedad completa y horizontal si no les dejamos. Si no les consideramos parte activa, si no les enseñamos valores respetando sus ritmos, si no les damos habilidades y herramientas para la vida desde la comprensión. Porque es eso lo único que están pidiendo, a besos o a puñetazos.

Todo consiste en estar a la altura. A la misma altura. En hacer que se sientan partícipes, creadores y responsables de sus logros y sus fracasos, de su vida en la familia y en el mundo. En favorecer con nuestra forma de educar el crecimiento individual que fomenta y se nutre al mismo tiempo del crecimiento del grupo.

Una vez, hace muchos años, la vida me regaló una frase muy reveladora: «No por tener un piano eres pianista, no por tener hijos eres padre». Me hizo reflexionar sobre la labor de las madres y de los padres. Aún era muy joven pero ya opinaba que, efectivamente, el ejercicio de la m/paternidad debería de ser una labor activa, comprometida y consciente. Lo estaba viviendo… Esos años fueron duros en mi familia y vi cómo mis padres no dejaban nunca de intentarlo.

Atender a nuestros hijos requiere mucho esfuerzo físico y una gran inversión de tiempo, pero **educarlos** de forma consciente y respetuosa es una tarea que requiere el cien por cien de recursos, e incluso más. Es entrega pura, a ellos y a ti misma, porque en el recorrido se adecúan las prioridades si ponemos el foco en lo importante, y no se puede ofrecer lo que no se tiene.

Por eso, educar bonito te obliga a destrozar tus límites, tus zonas de confort y todas tus creencias automáticas sobre la educación. Te hace viajar hasta esa niña, hasta ese niño que fuiste. Te lleva hasta encontrarte allí, cuando lidiabas con una rabieta, en mitad de una discusión inútil por una falda muy corta o tramitando siete suspensos. Cuando lidias con una rabieta sería más correcto, me refiero a que cuando lo haces, la situación te lleva a cuando tú eras pequeña.

Y ¿sabes qué? Que esa niña vuelve para rescatarte, para recordarte lo mucho que necesitaste un abrazo en ese momento, lo mucho que te dolió una falta de confianza o lo mucho que disfrutaste aquella tarde de risas en familia.

Déjame recordarte que con este concepto educativo no vamos a «educar» a los adultos que están convencidos de que el cambio no es necesario, de que todo está bien como está. Ni a los que no tienen dudas, no se lo han cuestionado o aún no han fracasado. Nada más lejos de eso. Respetemos el ritmo de cada proceso. Todo a su tiempo.

Si tú estás leyendo esto es porque la curiosidad, las dudas, las ganas de aprender, los miedos o la esperanza te han traído hasta aquí. Porque forma parte de tu camino. Y yo doy gracias a la vida por habernos cruzado, porque el siguiente paso, al darlo juntos, nos lleva mucho más lejos, a una idea nueva. La educación consciente va a recuperarnos a nosotras y a preservar a nuestros hijos. Va a despertarnos de nuestra ceguera y mantener a salvo su fuerza, su luz y su inocencia. Porque en las familias vivas, en las familias conscientes, sabemos que si mamá y papá no crecen, no va a crecer nadie.

Estábamos dormidos, y ellos necesitan que nos despertemos. Dale todo el valor del mundo a esas dudas y a esos miedos que nos van a asaltar en este camino, porque vamos a aprender a transformarlos en crecimiento.

Vamos a replantearnos las prioridades, a crear entre todos una educación en movimiento, viva, que se retroalimente de las habilidades que aprendemos todos juntos, que guíe a las personas comprometidas con su pasado y su presente e ilusionadas con su futuro, y nos ayude a crear una sociedad que interactúe como un ente consolidado y fértil.

Vamos a ir mucho más allá de un «Salvar el día» y vamos a recuperar el significado científico, intrépido, mágico y natural de crecer sanos, de vivir despiertos. **Vamos a ir a por todas**. Nos lo merecemos.

Y si ponemos el foco en la educación consciente, quizá los siglos dejen de avanzar sin tener en cuenta a las personas; quizá priorizando el cuidado y el respeto de los procesos de la infancia podamos volver a esa esencia de «lo de antes», aquel lugar en donde todo podía ir un poquito más despacio, estar más vivo, más desenchufado, y ser más nuestro.

> Una educación desde la cuna hasta la tumba, inconforme y reflexiva, que nos inspire un nuevo modo de pensar y nos invite a descubrir quiénes somos en una sociedad que se quiera más a sí misma.
>
> GABRIEL GARCÍA MÁRQUEZ,
> *Por un país al alcance de los niños* (1994)

2

El secreto está en encontrar tu lugar

> El sentimiento recíproco de todas las cosas, el sentimiento de comunidad, se afianza en el alma del niño y solo le abandona en los casos más graves de degeneración de su vida anímica. Permanece limitado y restringido durante toda la vida o se ensancha y amplía para abarcar la tribu, el pueblo, toda la Humanidad. Puede, incluso, rebasar tales límites y hacerse extensivo a los animales, a las plantas y hasta a los objetos inanimados, conteniendo el cosmos entero en un inmenso abrazo.
>
> ALFRED ADLER, *Conocimiento del hombre*

¿Cuál dirías que es la necesidad más básica del ser humano? Supongo que pensarás en Maslow y su pirámide: comer, beber, dormir o algún otro proceso fisiológico. Es verdad. Está claro que podemos morir si no atendemos cada día ese tipo de prioridades. Si no nos nutriéramos, hidratáramos o descansáramos de forma segura, nuestra supervivencia no sería muy fácil.

Pero… ¿cómo podemos hacerlo? ¿De qué manera un ser humano puede satisfacer estas necesidades desde el primer día de su vida? Sencillamente, no puede. Es imposible que un ser humano recién nacido sea capaz de cuidarse y de sobrevivir por sí mismo.

Podría aventurarme a decir que somos muy pocos los mamíferos que tenemos una dependencia absoluta de nuestra madre durante varios meses… o años, en nuestro caso.

Y ¿cómo puede sobrevivir un animal si nace dependiente al cien por cien? Gracias al concepto de familia, es decir, a la figura de **comunidad**. Por eso y por muchos otros motivos, somos animales sociales. Nos necesitamos juntos para sobrevivir. Podemos ser los más listos o los más fuertes, pero solos no llegaríamos muy lejos.

El recién nacido necesita a sus progenitores, y estos a la tribu. El potencial humano es tan ilimitado que Adler hablaba del concepto práctico del «reparto de trabajo», fundamental para superar nuestras limitaciones como especie. El grupo garantiza la supervivencia.

Por eso, realmente, la verdadera primera necesidad del ser humano a nivel social, la herramienta que debe aprender a perfeccionar es la **pertenencia**. Necesitamos, desde nuestro primer día de vida, hacer que los demás nos vean y nos tengan en cuenta. Si no nos ven o no saben que existimos, nadie se encargará de nosotros. Moriríamos.

¿Cómo puede un recién nacido hacer que el entorno le vea y le tenga en cuenta? Haciendo mucho ruido. Activando con su llanto todos nuestros mecanismos de alerta. La mayor parte de las veces no sabremos qué necesita el bebé con ese llanto, en un primer momento no tendremos claro si es hambre, dolor, incomodidad… pero hemos acudido. Ha funcionado. Le hemos visto.

El ser humano, en sus primeros años, no tiene las herramientas comunicativas ni las habilidades sociales para expresar una necesidad específica, pero somos expertos en un «Hazme caso» en general. El bebé llora para que le veas, no para decirte algo. A lo largo de los años esta herramienta tan básica, pero que funciona tan maravillosamente bien, debe de ir adaptándose a la evolución de las necesidades y deseos de la criatura y a las exigencias del entorno. ¿Qué quiere decir esto? Que debemos aprender a pertenecer a los grupos de referencia, los grupos en los que nos cuidan y en los que crecemos, de una forma cada vez más elaborada. Ya no va a ser suficiente solo el llanto. Para poder expresar necesidades más complejas y abstractas que las fisiológicas básicas, para poder crecer como miembro realizado y significante del sistema, tendremos que ir aprendiendo códigos y normas abstractas y arbitrarias de conducta, que nos ayuden a conectarnos con los demás, sin desconectarnos de nuestras necesidades y de nosotros mismos, a ser posible. Tendremos que aprender, en definitiva, habilidades sociales. Eso solo va a ocurrir con la experiencia, por lo que va a hacer falta mucha práctica. Cada día, y durante el resto de los días de nuestra vida. Nunca dejamos de aprender a adaptarnos. Porque cada interacción social es única. Cada movimiento del sistema, cada oportunidad de contacto nos da y nos «pide» algo. Nos enseña y recibe de nosotras.

Por tanto, en todo lo que hacemos, desde nuestro nacimiento hasta que dejamos este mundo, en cada interacción en la que participamos, existe de fondo esa necesidad de que nos vean los demás. La obligación de cerciorarnos de que no somos invisibles. Porque nos necesitamos unos a otros para sobrevivir. A nivel social y a nivel emocional.

Todo lo que sentimos, va a reflejar de alguna forma cómo nos estamos percibiendo a nosotros mismos en nuestros grupos. Si estamos encajando o, por el contrario, aún no hemos encontrado nuestro lugar. Si ha habido cambios, si lo que los demás proyectan nos obliga a «movernos», a cuestionarnos.

Todo lo que pensamos tiene una base muy profunda, una raíz que busca alimentarse de quienes hemos aprendido a ser, de las personas que nos cuidan y nos quieren. Nuestro autoconcepto y nuestra autoestima se basan en el papel que hemos podido interpretar en la obra de teatro de nuestras vidas. Hasta ahora no éramos conscientes, pero nuestras decisiones, toda nuestra conducta en definitiva, tiene el objetivo de ubicarnos y reafirmarnos a nivel social.

En muchos de los cursos de formación que doy, pido a los participantes que cuenten una situación que les haga perder los nervios. Algo que realmente les moleste, pero que no tenga nada que ver con la crianza o la educación de sus hijos. Eso que te hace enfadar de verdad. Que te hace sentir mal.

No tardan mucho en contestar. De hecho todos lo tenemos bastante claro. Vecinos molestos. Gente que conduce fatal. Las personas que intentan colarse en una fila. El desorden. La mentira. El ninguneo. La falta de respeto. Las injusticias. Que no te escuchen, etc. Todo el mundo expone las mismas cosas. Siempre. ¿Sabes por qué? Porque realmente se trata de una sola cosa expresada de formas diferentes.

¿Puedes determinar qué tienen en común las situaciones que he descrito? Todo se refiere a alguien que no está teniendo en cuenta a otra persona. Todo tiene que ver con ese sentimiento de pertenencia.

Nos pasa a todos. Si no puedes dormir porque el bebé de tu vecino llora, te puede fastidiar más o menos, pero seguro que comprenderás que es algo ajeno a ti y no te sentirás ofendido. En cambio, si tu insomnio es provocado por la música de una fiesta en el piso de al lado, donde un grupo de adultos se lo pasa bien **sin tener en cuenta** tu descanso, no te lo tomas con tanta filosofía.

Todo nos molesta más si sentimos que algo o alguien no nos ve. No nos considera. No da importancia a nuestra presencia o a nuestras necesidades. Y esta sensación es tan potente que nos condiciona casi por completo.

Piensa en cómo te gustaría que te comunicasen algo negativo o desagradable. Si la persona se toma la molestia de tener en cuenta cómo vas a recibir la noticia y te lo dice de una manera prudente y con empatía, no lo vas a encajar tan mal. Porque te habrá considerado. Te habrá hecho sentir que se preocupa por ti. Que te ve.

Imagina que estás tomando un café con tus amigas, que te interrumpen varias veces y no encuentras el momento para intervenir, que no respetan tu turno de palabra. Apuesto a que empezarás a experimentar lo que es la necesidad de pertenencia. Cómo te ha hecho incomodarte. Cómo tu cabeza ha empezado a hacerse preguntas. Cómo te has sentido insegura. Eso es percibir que no perteneces a ese lugar.

Y así, desgraciadamente, se sienten muchas veces nuestros hijos. Casi todo el tiempo, de hecho. Porque ellos aún están aprendiendo los códigos de conducta, aún no entienden ciertos patrones que se esperan de ellos o ciertos cambios a nivel grupal que les obligan a variar, sin saber cómo, todos sus esquemas para adaptarse a las nuevas situaciones.

Somos agua, y como seres líquidos, ocupamos todos los espacios.

El nacimiento de un hermano hace que el niño o la niña se planteen dónde colocarse en la familia, y puede despertar en ellos el miedo a ser reemplazados; el sentimiento de inferioridad se puede ver amplificado si ese nuevo protagonista de la familia comienza a destacar por algo.

Un cambio de colegio, de clase. Un profesor nuevo. Un cambio de casa. Son movimientos que a nosotros mismos nos cuestan cuando se supone que ya deberíamos de haber desarrollado nuestras propias habilidades sociales, nuestro autoconcepto y nuestras estrategias de pertenencia. Pero no es así. Hace falta toda una vida para estar muy seguro de quién eres, dónde estás y dónde quieres estar. Por eso deberíamos prestar mucha atención a este tipo de situaciones cuando les toca vivirlas a nuestros hijos. Pero no desde la preocupación, porque estamos preparados para adaptarnos a todos los cambios. Estos son positivos, ya que se presentan como oportunidades maravillosas para aprender habilidades sociales nuevas, pero es necesario acompañarlos de manera consciente, comprendiendo las posibles situaciones de ajuste que se puedan generar. Estando atentos.

Ocurre que muchas veces, asesorando a familias, me cuentan problemas de conducta en el niño y no es casi hasta el final de la sesión cuando me informan, sin apenas darle importancia, de que va a un colegio distinto desde hace tres meses. Y es precisamente por donde deberíamos haber empezado. Después de varios años, mi primera pregunta en la asesoría es: «¿Ha habido algún cambio reciente?».

Además del hecho en sí de sentirnos parte de un grupo, de no ser invisibles y poder participar en nuestra comunidad adaptándonos a los diferentes movimientos sociales, existe otra motivación fundamental que va de la mano de este sentimiento de comunidad o interés social, como llamaba Adler a esta necesidad de pertenecer. Somos seres creadores. Necesitamos que nuestra existencia tenga sentido. Necesitamos crecer de forma productiva, sentir que aportamos una diferencia y sentirnos **capaces** de avanzar. Adler lo llamó **significancia**.

El mundo es distinto después de haberme ido

Estoy convencida de que tener la oportunidad de crear te ayuda a conectarte con tu propia esencia. Te salva. Por eso, en momentos de profunda tristeza, el ser humano ha concebido verdaderas obras de arte. Allí donde nos hemos encontrado solos y desvalidos, donde no supimos conectarnos con los demás y no nos quedó más remedio que abrazar nuestras sombras, es donde el espíritu de la perpetuación nos salva y le da sentido y esperanza a la existencia. Cuando todo parecía perdido.

Pensad en el sufrimiento de los grandes maestros. Los que jamás nos han dejado porque supieron proyectar su significancia en una sinfonía, en un mural o en una poesía.

De dónde venimos, a dónde vamos. Venimos del lugar en el que nos sentimos queridos, vamos a trascender.

Otra cuestión importante es que el ser humano, desde que nace, busca pertenecer y significar sin que nadie le diga que debe hacerlo. Venimos «programados» para esa tarea. Pero es en ese proceso de búsqueda donde surgen los problemas. En función de cómo acompañemos ese camino, podremos ser obstáculo o guía.

¿Cómo crecemos en pertenencia? No aprendemos de forma lineal y absoluta. Todo aprendizaje, a todos los niveles, pasa por una serie de procesos que tienen ritmos distintos en cada persona, y que dependen de múltiples factores. Uno de ellos es la experiencia. Las situaciones que vivimos nos dejan la información sobre la que vamos a ir elaborando nuestros esquemas mentales.

Los niños van avanzando poco a poco. Integrando estímulos y categorizando el mundo para entenderlo. No me voy a poner técnica, pero quiero explicaros que los niños y los adultos, cuando miran una misma cosa no ven lo mismo. Parece obvio, pero muchas veces, a la hora de educar, asumimos que «deberían» de entender algo que está meridianamente claro para nosotros. Pero la realidad es otra.

No percibimos ni interpretamos las cosas de la misma forma porque nosotros ya tenemos todos los filtros sociales. Ellos aún no. Los están aprendiendo.

En los primeros años de vida los niños perciben los estímulos sensoriales de una forma muy intensa. Necesitan entender el mundo, y todo lo captan mucho mejor que nosotros, que ya hemos recogido e integrado esa información en su día. Todos esos estímulos son interpretados por sus mentes nuevas y casi sin usar, inexpertas. Por lo que las ideas y creencias derivadas de esas interpretaciones suelen desembocar en **muy malas decisiones**.

Imaginad que un niño de dos años observa cómo su madre peina a su hermana mayor. Él las ve felices y percibe un ambiente positivo. Puede llegar a interpretar que hará feliz a su madre o a su hermana si peina a su gato, o puede interpretar que peinar es algo agradable y que a su gato le parecerá bien que lo peinen, y puede decidir coger un cepillo e intentar hacerlo, con el posible consiguiente arañazo del gato o reprimenda de algún adulto.

En el universo de las mentes adultas, lo que ha hecho el niño puede considerarse una mala decisión, pero ese niño está convencido de que ha tenido una grandísima idea.

¿Qué podría suceder con este niño antes de que tuviera en cuenta su mala interpretación de la situación? En lugar de enseñarle a hacerlo mejor, puede que reciba una actitud negativa por parte de algún adulto que le hará sentirse mal, y no aprenderá nada, o cuando menos seguirá sin entender esa situación. Los aprendizajes derivados de ella serán el miedo a un arañazo o a nuestro enfado, y no habrá aprendido una verdadera habilidad.

Y esto ocurre de manera constante. Los niños perciben el mundo de una forma maravillosamente intensa, pero la mayoría de las veces no interpretan bien las situaciones y esto les lleva a tomar malas decisiones y a recibir un castigo por ello.

El comportamiento humano es un todo integrado por las percepciones, las creencias y las conductas que pueden derivarse de estas. En los cursos de formación hablamos del símil del iceberg, en donde todas esas malas decisiones, la conducta visible, son la masa de hielo que sobresale del agua, lo que sí podemos ver. Todo el sistema de lógica privada, de ideas y creencias desarrolladas desde las percepciones sería lo que queda sumergido en el agua, lo que no se puede ver. El conductismo, el sistema en el que nosotros fuimos educados, se centra en lo visible, en la punta de ese iceberg, pero ignora toda la base oculta que realmente genera esas conductas. Esas decisiones. Y por eso se nos quedan cortos los castigos y los premios, porque permanecen en la superficie intentando condicionarla, amaestrarla, cuando es realmente en las profundidades donde están nuestras necesidades y motivaciones. Donde realmente debemos educar.

Es en el mundo interior del niño donde interpretará cómo se pertenece, qué cosas necesita hacer o decir para que los demás le vean y le tengan en cuenta. Las malas conductas, o malas decisiones, realmente, solo son fruto de ideas equivocadas o inmaduras sobre cómo ser vistos. Sobre cómo encontrar su lugar y formar parte de un grupo.

Entonces, ¿cuál es el cambio? Concebir la educación como un camino cuyo destino es la estabilidad. El equilibrio. Ese lugar que buscamos durante toda nuestra vida, sentir esa pertenencia y esa significancia. Porque, al final, el objetivo del viaje es poder alcanzar habilidades para convivir y tener un propósito en la vida. Ahí es donde decía Alfred Adler que encontraríamos el verdadero sentido de nuestra existencia, y por tanto, la paz interior.

Podemos seguir intentándolo como hasta ahora, podemos pretender controlar ese camino utilizando herramientas que no permitan a nuestros hijos desviarse de un sendero que manejemos, de un espacio en el que haya normas precisas aunque no esté muy claro adónde vamos. Ese sendero lleno de condicionantes (castigos, premios, chantajes, enfados) que nos ha hecho olvidar el destino final del viaje.

O podemos aspirar a mucho más. Con supervisión y límites respetuosos (tenemos un capítulo para eso), dejemos que salgan del sendero y que descubran todo el bosque, que aprovechen el margen de crecimiento que existe si eliminamos las piedras que limitan a ambos lados el camino y les dejamos caerse, ensuciarse, buscar sus propios senderos, cruzarse con otras personas mientras los recorren. Siempre bajo nuestras supervisión, pero que experimenten cómo su autoestima se mantiene sana al sentirse capaces de tomar sus propias decisiones, con sus miedos y sus derrotas, sus triunfos y sus decepciones.

El cambio está en eliminar todo aquello que condicione la conducta y comenzar a guiar ese camino por el bosque desde la confianza, mirando más allá de los comportamientos, buscando qué hay detrás y teniendo en cuenta que el ser humano está diseñado para aprender y crecer de forma constante. Teniendo la seguridad de que si no les hacemos olvidar su rumbo con una forma de educar basada en el miedo a la desobediencia, ellos van a querer seguir avanzando. Y van a llegar. Vamos a hacerlo todos de la mano.

Vamos a aprender herramientas que nos ayuden a enseñar a nuestras hijas e hijos habilidades para su propio viaje, eliminando los condicionantes que les limiten y enseñándoles a transformar los baches y tropiezos en utensilios para su viaje.

El secreto del ambiente de crecimiento en casa y en la escuela no es establecer normas y enseñar a los niños a obedecerlas. Es fomentar las relaciones sanas basadas en que todos los miembros del grupo aprendan a tener en cuenta a los demás, sin perder de vista sus propias necesidades, pero entendiendo que la realización personal, el crecimiento y el equilibrio emocional se alcanzan con la vivencia de experiencias sociales, por lo que aprender a convivir, a pertenecer, es la prioridad en una educación consciente.

El secreto de una vida feliz para nuestras hijas e hijos es enseñarles a encontrar su sitio en un mundo lleno de gente. Sentirse a sí mismas y a sí mismos miembros significantes e integrados.

Resumiendo, en todo lo que hacemos existe el mismo trasfondo: intentar que los demás nos tengan en cuenta, sentir que pertenecemos. Los niños aún no saben cómo hacerlo en un mundo que olvidó los «para qué» de la imperfección y el crecimiento. Enseñarles bonito nos cambia la prioridad de la obediencia a la conexión.

A partir de ahora, ya sabes que tus hijos necesitan sentir que les ves, mucho más allá de su conducta. Casi todos los conflictos que hay a la hora de educar, parten de aquí, de sus necesidades, mucho más allá de lo que haya o no haya que hacer. De la forma inexperta de buscar su sitio, de esas malas decisiones. También sabes que todas esas situaciones en las que ya les estás viendo y teniendo en cuenta, ellos quizá no las estén percibiendo como tú, y por eso aún hay momentos de confusión y toma de malas decisiones por su parte.

Ellos son inmaduros y tus herramientas se habían quedado obsoletas en el condicionamiento de la conducta. Por eso yo quiero darte consciencia y herramientas nuevas y necesarias para que tu entrega y tu amor sean inequívocos. Para que les llegue lo que de verdad les transmites sin perder energía y tiempo en lo superfluo. Para que, pase lo que pase, sientan y decidan desde esa conexión, esa pertenencia y esa significancia que tú vas a saber ayudarles a encontrar.

Por alguna razón, los adultos nos empeñamos en pertenecer a sitios en los que no encajamos, en situaciones y lugares o con personas que deberían haber sido solo pequeños momentos de nuestras vidas, peldaños del proceso. Creo sinceramente que es debido a las migajas con las que nos hemos acostumbrado a entender la conexión cuando fuimos niños, en la época en la se confundía el miedo con el respeto, y por eso ahora, confundidas, nos aferramos y creemos que los vínculos se buscan o se merecen. Creemos que, para pertenecer o ser tenidas en cuenta, debemos dejar a cambio nuestra esencia por el camino.

Podemos ayudarles a que el día de mañana sepan discernir sin dudar sobre dónde quedarse o de qué deben escapar, para sentirse seguros en según qué situaciones y lugares o con según qué personas.

Mírate al espejo. Te recorren arterias y venas como ríos ramificados por todo el cuerpo. Fluyendo calor y vida. Tus lunares se parecen a las constelaciones que nos iluminan de noche los sueños, y las huellas únicas de tus dedos te recuerdan cada día que realmente somos semillas esperando a florecer cuando hayamos recogido todas las enseñanzas que nos ha preparado el Universo, formando parte de un todo organizado en un caos perfecto... Vinimos a aprender a pertenecer... para permanecer.

Un **MAL COMPORTAMIENTO** puede esconder una base profunda. Si nos centramos solo en la conducta visible, no solucionaremos el problema de fondo y los malos comportamientos se repetirán.

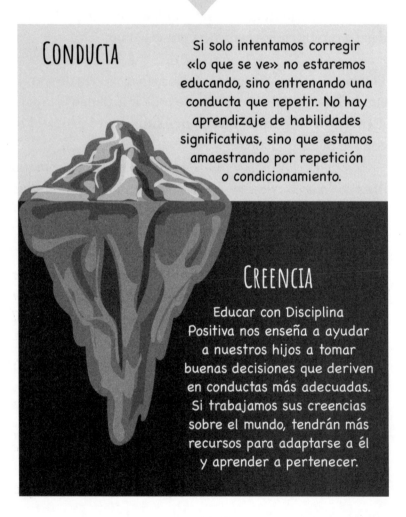

CONDUCTA

Si solo intentamos corregir «lo que se ve» no estaremos educando, sino entrenando una conducta que repetir. No hay aprendizaje de habilidades significativas, sino que estamos amaestrando por repetición o condicionamiento.

CREENCIA

Educar con Disciplina Positiva nos enseña a ayudar a nuestros hijos a tomar buenas decisiones que deriven en conductas más adecuadas. Si trabajamos sus creencias sobre el mundo, tendrán más recursos para adaptarse a él y aprender a pertenecer.

3

Y tú ¿qué quieres hacer?

Hace poco mi padre sufrió un infarto.

Nadie se lo esperaba. Nunca nos hubiéramos imaginado que podría pasarle a él. Esa extraña invulnerabilidad de quien siempre ha gozado de buena salud consiguió engañarnos. Fue muy grave. Está vivo de milagro.

Recuerdo la llamada de mi madre. No era su voz. Era un sonido totalmente ajeno a mí, palabras que se parecían a ella diciendo algo importante y difícil, pero podría jurar mil veces que no era mi madre. Sonaba a miedo enlatado chocando contra mi auricular en forma de shock intempestivo.

Jamás olvidaré aquellas palabras porque, por primera vez en mi vida, noté el miedo de la persona a la que nunca antes había visto dudar; por primera vez, su manera de transmitirme calma y normalidad era fingida, involuntariamente impostada por la costumbre de no salirse de la raya.

—María, ¿estás ocupada? Mira, no te preocupes pero a papá le ha dado un infarto…

Yo sentí esa llamada como una llamada.

«Si mi padre se va, quién voy a ser yo.»

No pensé en mí, pensé en ella. En quién iba a tener que ser para mi madre. Y en quién había llegado a ser si me tenía que despedir de mi padre.

Inmediatamente me fui al hospital. Mi madre estaba en la UCI con él. Esperé pensando en qué me iba a encontrar, qué iba a decir… y llegó mi turno. Podía pasar a verlo.

Os prometo que llevé conmigo a esa visita todo lo que soy, todo lo que he hecho en mi vida y todo lo que agradezco. Me paré delante de la puerta antes de entrar porque mi «yo tributo» pesaba bastante, y respiré profundo.

Él estaba bien. Muy tranquilo y confiado, pendiente de las mil máquinas que lo custodiaban y los mil «bips» que nos contaban el registro de sus parámetros más íntimos. Todo muy bien. Y habló mucho. Y mi madre habló mucho. Y nos fuimos.

Y yo llegué a casa, me saqué del bolsillo a mi «yo homenaje» y le dije:

—Vamos a seguir coleccionándonos, aún hay mucho por hacer, por devolver. Aún hay mucha vida que celebrar.

Y me dejé volver un ratito, solo un momento, a aquella niña que se dormía en el suelo del pasillo cuando tenía miedo, delante de la puerta de sus padres para sentirse segura escuchando su ronquido.

¿Te imaginas a tus hijos cuando sean adultos? ¿Has fantaseado en algún momento sobre qué tipo de vida van a escoger? ¿Has intentado pronosticar cuál va a ser su vocación? ¿Te has atrevido a visualizarlos cuando tú ya no estés? A lo mejor ya has hecho tus apuestas o incluso habéis hablado de eso. A lo mejor no has ido tan lejos porque son pequeños o porque simplemente sabes que tus hijos ya son alguien, tienen sus pequeñas prioridades y sus gustos. Siempre «somos», independientemente de la edad que tengamos. Pero ¿te has preguntado cómo van a sentir, pensar o decidir dentro de unos años? ¿Cómo van a vivir su vida? Y ¿has pensado qué papel vas a tener tú en ese proceso?

Una de las cosas que he aprendido mientras me educo educando a mis hijos es que las personas no somos lo que hacemos. No soy una mentirosa, y sé que no siempre he dicho toda la verdad. Tampoco soy una persona perfecta y puedo decir que ha habido cosas que me han salido muy bien en la vida. No soy lo que hago. Porque cada día intento hacerlo todo un poco mejor, precisamente porque me he liberado de una idea estática que me obligaba a encajonarme en un adjetivo limitante, que me describía solo en un mal o en un buen momento. Aún no he terminado de **ser** aunque ya sea del todo.

Dos personas que me hayan conocido en dos momentos de mi vida podrían describirme de forma totalmente opuesta. Creo que somos algo infinito, cada una de nosotras, como personas. Cada situación que vivimos nos pone el disfraz necesario para representar un papel determinado. Solo se trata de saber qué disfraz ponerse y cómo llevarlo para sentirnos cómodos dentro. Porque todos los adjetivos que nos autoimpogamos, solo limitarán la persona en proceso constante que somos.

Se trata de entender que teniendo ciertas prioridades de vida, habiendo desarrollado un determinado carácter personal y único, podemos aprender habilidades infinitas que nos ayuden a actuar en cada momento como sea necesario.

Aprender a decidir en cualquier situación, según sea más o menos provechoso para nosotros. No dejar nunca de integrar y crecer. Aprender a conectarnos y comportarnos, que va más allá del hecho de portarse bien.

Porque ya somos lo que aprendemos de las decisiones que tomamos.

Nuestros hijos tienen determinadas capacidades para alcanzar lo que necesitan. Los niños vienen equipados con una serie de «herramientas» que, como os decía, van evolucionando a medida que el ambiente lo exige.

¿Qué capacidades son esas? ¿Cómo piden, consiguen o buscan los niños lo que quieren?

¿Qué cosas hace un niño de tres años cuando quiere conseguir un juguete, por ejemplo?

En caso de que haya aprendido a pedirlo por favor, con consideración, con «modales», ¿qué va a pasar si aun así no lo consigue? ¿Qué va a intentar? Pedirlo de forma insistente. Llorar. Gritar. Cogerlo aunque le hayamos dicho que no puede hacerlo. Insistir. Negociar con urgencia. Pegar.

¿Estás de acuerdo?

Esas son las estrategias que pone sobre la mesa un niño o una niña pequeños cuando quieren conseguir algo con todas sus fuerzas. Son sus capacidades. La materia prima de muchos de sus futuros comportamientos.

¿Qué hacemos los adultos ante estos comportamientos? ¿Queremos que nuestros hijos utilicen estos «métodos» para conseguir lo que buscan? No, ¿verdad?

Solemos intentar por todos los medios eliminar este tipo de conductas en nuestros hijos. Son «malas».

«Eso no se hace», les decimos.

¿Qué otras cosas hacen los niños que a los adultos no nos parecen adecuadas? ¿Qué retos educativos estás teniendo ahora mismo?

¿Cuáles son los comportamientos de tus hijos que te hacen dudar, exaltarte, compartir un libro sobre estrategias educativas, etc.?

Puede que tus hijos se peleen, digan mentiras o no quieran hacer los deberes.

¿Se enfadan de forma exagerada, son muy movidos o no te obedecen?

A lo mejor es que son muy dependientes o inseguros, o tienen problemas para seguir rutinas. ¿Es posible que en tu familia estéis viviendo mañanas complicadas, que haya celos o percibas que no te escuchan cuando hablas? Si algo de todo esto te suena, enhorabuena. Tus hijos están bien. Todos esos comportamientos responden a un patrón infantil de comportamiento. A un patrón socialmente **inmaduro**. Inexperto. Todos hemos utilizado alguna de las herramientas de ese patrón cuando fuimos niños. Si es absolutamente universal, tengo dos preguntas:

- ¿Por qué nos preocupamos/culpamos?

- ¿Por qué no hacemos algo provechoso con toda esa energía en lugar de anularla?

¿Qué es lo que realmente queremos para nuestros hijos, para su futuro? En todos los cursos que imparto, aparece siempre el mismo deseo colectivo: felicidad.

Eso es lo que queremos para ellos. Pase lo que pase, deseamos que nuestros hijos puedan llegar a experimentarla en su vida adulta.

Pero ¿qué habilidades crees que necesitan aprender para ser felices? ¿Qué cualidades personales debemos desarrollar o qué principios morales debemos adquirir para llegar a esa felicidad? ¿Qué opinas sobre el criterio propio? ¿Te parece importante para llegar a ser feliz? ¿Te gustaría que tus hijos pudieran formarse sus propias opiniones, gustos y valores? ¿Qué hay de la empatía, la tolerancia y la generosidad? ¿Te parece importante que tengan inteligencia emocional? ¿Te gustaría que pudiesen sentir agradecimiento, que fueran personas con sentido de la responsabilidad? ¿Te gustaría que tus hijos actuasen con honradez y humildad? ¿Es importante para ti el sentido del humor, el sentido común, la autoestima?

Todo eso es lo que nosotros hemos desarrollado como adultos y que nos guía todos los días de nuestra vida, ¿verdad? Queremos que nuestros hijos sean felices desarrollando todas las habilidades que nosotros hemos desarrollado y podemos enseñarles.

Cuando en los cursos de formación hago esa pregunta sobre las habilidades necesarias para conseguir la felicidad, siempre se rompe el silencio con una carcajada atronadora. Sabemos que todo lo que esperamos que nuestros hijos aprendan es algo que nosotras aún no hemos alcanzado.

Y ahí empieza el aprendizaje. El viaje de nuestra vida. Vamos a hacernos una brújula infalible. Vamos a fabricar un instrumento que nos va a ayudar a localizar el Norte en cualquier situación.

¿Para qué eliminar todas las capacidades infantiles y luchar contra un imposible? ¿Para qué pretender que nuestros hijos no muestren sus emociones, frustraciones y sus deseos? ¿Se pueden borrar las capacidades o la esencia de una persona? ¿Qué podemos hacer con todo ese potencial?

Si hoy convivimos con personas inexpertas que tienen muy claro lo que quieren y necesitan pero no saben exteriorizarlo de manera socialmente aceptable, y deseamos que en un futuro sean personas felices con muchísimos recursos, ¿por qué no, en lugar de eliminar conductas, les enseñamos a transformar sus capacidades más básicas en habilidades útiles para su futuro? Podemos empezar a mirar el presente de nuestros hijos como un potencial puro. Como el material más valioso del mundo, con el que vamos a ayudarles a hacer futuro. Una noticia: estamos biológicamente preparados para eso, no se trata de hacer mucho, sino más bien de dejar hacer. Acompañar.

Hazme un favor, piensa en el presente de tus hijos, en todas las capacidades que ahora mismo ves como retos y que te gustaría transformar en algo más útil, y, por otro lado, en todas esas habilidades que vamos a darle para su futuro feliz.

Cuando lo hayas pensado, te pido que mires al presente sin culpa, sin presión y sin hacer juicios de valor.

Y ahora piensa que si nos limitamos a borrar este presente, jamás podremos darles ese futuro feliz. Intenta calcular cuánto vamos a tardar en recorrer ese trayecto nuevo de espacio-tiempo que es el concepto de «educación respetuosa», cómo vamos a acompañarlos para llegar a su destino vital.

¿Es posible que un día se levanten nuestros hijos y les haya «crecido» la empatía, como si fuera una espinilla prepúber? No, obviamente estos dos momentos pensados como un plan, como un punto de partida y una meta, son una brújula, son el mapa de un viaje muy largo. Un viaje con billete de ida sin vuelta. Porque es exactamente eso lo que estamos haciendo. Entender que lo único que necesitamos para garantizar un futuro libre, consciente y feliz a nuestros hijos, es un presente respetado.

Todo lo que necesitas para educar a tus hijos ya lo traen de serie, y es un regalo para toda la familia, porque nos empuja, nos hace dudar, nos obliga a explorar e ir un paso por delante, a llegar todos juntos. A crecer con ellos.

Y nosotros, como adultos, estábamos cegados, centrados en la obediencia, la jerarquía y la autoridad, les estábamos dejando simplemente vacíos, sin recursos.

Ahora ya sabemos por qué conocemos a tantas personas bloqueadas, o a tantas otras que se aproximan más a un perfil con «capacidades» infantiles que a la supuesta idea de madurez y felicidad de nuestra imagen futura. Son personas que no pudieron desarrollar las habilidades sociales adultas porque su entorno no logró conectar con ellos y ver sus capacidades como potencial. La inmadurez en adultos es un egocentrismo infantil mal acompañado. Un déficit de experiencias sociales capacitantes.

En algunas ocasiones, cuando alguno de nuestros hijos «se porta mal» decimos, cosas como «es igualito a su tía» (o a cualquier otro familiar). En ese momento ponemos de manifiesto que ese adulto al que nos referimos muestra actitudes infantiles, porque el hecho de que nuestro hijo tome decisiones desde la inexperiencia o muestre una actitud egoísta es lo esperable en un niño, no en un adulto «educado». No es nuestro hijo el que se parece a un adulto, es el adulto el que no ha aprendido.

Todo se trata de enseñar a nuestros hijos a desarrollar las habilidades, partiendo de lo que pueden hacer. Poco a poco, debemos ir superando retos con la vista puesta en las competencias a largo plazo, entendiendo que el presente irá cambiando, que iremos avanzando y superando baches, que vendrán otros y el proceso de cambio y crecimiento será constantemente variable, pero el futuro a alcanzar permanecerá estable como la línea del horizonte que nos mantiene en ruta.

Hace poco leí un artículo alarmante que informaba sobre la cantidad de niños medicados por «trastornos» de conducta en mi comunidad. Era una cifra escalofriantemente exagerada.

Es tiempo de dejar de ver patologías en las llamadas desesperadas de auxilio por parte de los niños. Más adelante veremos cómo el proceso de búsqueda de pertenencia y significancia de nuestros hijos no solo no cesa si dejamos de prestarles atención y seguimos descuidando la conexión con ellos, sino todo lo contrario. Cada vez lo buscarán con más intensidad. De una forma más urgente y desorganizada.

Las malas conductas que estamos viendo en nuestros hijos no son un trastorno infantil, son un déficit de atención, de empatía y de responsabilidad de muchos adultos que consideran que un niño que no obedece es un niño enfermo. Que un niño que quiere explorar, moverse o desear las cosas con todas su fuerzas es un niño que necesita ser medicado.

Creo que sería muy positivo reflexionar sobre qué es la infancia. Qué es ser niño o niña. Qué significa que todo tu cuerpo, tu mente y tu alma estén en un proceso constante de crecimiento. Recibiendo información, integrándola, creando realidad y consciencia.

Creo que sería muy positivo dejar de mirar a las niñas y a los niños como seres inferiores, pequeños, y a los adolescentes como algo peligroso o molesto. Estoy convencida de que si fuéramos capaces de calibrar nuestra brújula y entender que son ellos los que no nos dejan desviarnos del Norte, empezaríamos a respetarles como los maestros de vida que en realidad son.

Si consideramos que una persona no se puede construir a sí misma si le arrancamos lo que en un principio la impulsaba a **ser** —las raíces que iban a sujetar y alimentar ese crecimiento y ese futuro—, quizá podamos respetar y cuidar a la infancia como se merece.

Empezaríamos a agradecer esos malos momentos como retos que nos desafían para dar lo mejor de nosotros cada día. Empezaríamos a dejar de diagnosticarles para observar cómo miran la vida, cómo descubren y cómo desean. Y, a lo mejor, recordaríamos lo que se sentía cuando observábamos y deseábamos con todas nuestras fuerzas.

¿Cómo quieres acompañar a tus hijos a ser felices? ¿Qué adulto quieres que vean en ti para crecer sin dejar de **ser**? Con todo lo que te he contado… ¿qué quieres hacer tú?

Te propongo la Disciplina Positiva como método para utilizar este mapa de inicios y llegadas de una manera mucho más productiva. Mucho más bonita.

Esta metodología cuenta con cinco principios básicos, que son la base teórica de las herramientas prácticas que se utilizan, y al mismo tiempo son los objetivos que se consiguen cuando se utiliza.

Conexión. Se centra en priorizar el vínculo con nuestros hijos de forma que crezcan en experiencias de pertenencia. Nuestra manera de educar les hace sentir que los adultos los tienen en cuenta; así crecen teniendo en cuenta a los demás.

Amable y firme. Nuestra relación con nuestros hijos está basada en aportarles respeto y seguridad. Fomentamos la confianza y la cooperación cuando nuestra forma de tratarlos es consecuente con los valores que queremos transmitirles.

Largo plazo. No nos centramos únicamente en la conducta visible o en el momento presente, educamos de forma preventiva y proactiva, poniendo el foco en los procesos y buscando resultados estables y duraderos.

Búsqueda de habilidades. Desde una relación basada en un vínculo sano, respetuosa, segura y con perspectiva en un medio, largo plazo, tanto nuestros hijos como nosotros adquirimos de manera progresiva habilidades sociales que nos ayudan a crecer en pertenencia y significancia.

Invita a descubrir capacidades. Acompañamos el crecimiento de nuestros hijos respetando sus fases de desarrollo, sin coartar o anular, por lo que mantienen intacta su autoestima mientras descubren todas sus capacidades a base de enfrentarse a retos y tramitar sus éxitos o fracasos.

La infancia es una transfusión de vida para una sociedad dormida que aún no ha entendido quiénes somos. Ni adónde vamos. La infancia es siempre una nueva oportunidad.

Y unos segundos… solo unos segundos jugando, sintiéndote niña, son suficientes para abrir los ojos.

¿A qué esperamos para priorizarlos, para ir a buscarnos allí donde ellos nos están empujando?

Tus hijos te están regalando el mapa de un destino al que hace tiempo renunciaste. Ve con ellos, déjate crecer.

4

Poniendo límites

Tengo el privilegio de vivir en una bahía flanqueada por dos faros que cada noche se guiñan historias de sirenas, piratas y naufragios.

Si me pierdo, salgo a la ventana y observo cómo les baila la luz reflejada en el agua, y siento que a veces no sé adónde voy, pero siempre sabré de dónde vengo.

¿Qué significa «poner límites»? ¿Para qué sirve? ¿Para trazar líneas imaginarias dividiendo el mundo entre lo bueno y lo malo? ¿Para poner fronteras entre lo adecuado y lo pernicioso? ¿Cómo se puede enseñar dónde están los límites sin traspasarlos? ¿Es necesario ser autoritario para poner límites? ¿Es responsable no ponerlos?

He observado que con el auge y despertar de las nuevas teorías pedagógicas, desde que nos cuestionamos cómo educar, o más bien vemos que como lo hacíamos hasta ahora no funciona ni a corto ni a largo plazo, la sociedad se está radicalizando en dos posturas que parecen opuestas, pero realmente causan las mismas carencias y daños emocionales en las personas. Por un lado, se oye decir cada vez más que los niños y las niñas necesitan mucha mano dura, que el cachete a tiempo debe volver porque nos estamos ablandando, que la autoridad y «lo de antes» es lo que realmente funciona. Por otro lado, también se oye hablar cada vez más del planteamiento de la educación autorregulada: solo estaremos respetando al niño si dejamos que decida todo, debemos esperar a que pueda pensar por sí mismo si vacunarse o no, tener acceso ilimitado en cantidad y tiempo a comida, para que se surta cuando así lo necesite, etc.

El autoritarismo y la permisividad son dos formas de educación negligente. Un persona educada sin límites no podrá adaptarse a la sociedad porque no sabrá cómo aceptar los códigos que son tan necesarios para convivir con los demás. De la misma forma que una persona educada de forma rígida y estricta, no podrá adaptarse a la sociedad por no haber adquirido un criterio propio que la guíe; estará anulada y será «dócil», pero eso puede acarrearle muchísima infelicidad, una autoestima dañada y una falta total de identidad propia, todo lo cual va a dificultar mucho su camino hacia el equilibrio a través del crecimiento. Y, en muchos casos, quizá lleve también a la rebeldía.

Hasta que no entendamos que el respeto se gana con admiración y no con miedo, en lugar de educar estaremos amaestrando

Entonces, ¿cómo debemos educar? ¿Dónde está el término medio para marcar pautas sin abandonar ni coartar?

No existe término medio entre dos excesos. No hay punto intermedio entre dos formas de faltar al respeto. El concepto de los límites responsables nos va a empujar a desaprenderlo todo.

Los niños no tienen experiencia, ni madurez, ni capacidad, ni responsabilidad para tomar determinadas decisiones, pero no pueden madurar o aprender a responsabilizarse si no viven situaciones que les ayuden a hacerlo.

El inconveniente es que, normalmente, van a equivocarse o a «hacerlo mal» en el proceso… y ahí, o se nos va la mano, o nos quedamos cortos. O eso pensábamos desde nuestra visión en blanco y negro.

Realmente lo que sucede es que, al no tener un mapa que nos guíe, una estrategia pensada y sopesada, vamos improvisando sobre la marcha para salvar situaciones en el momento, y saltamos de la bruja enfadada al hada buena cada 3 minutos. Para intentar evitar o anular conductas.

¿Qué puede provocar eso en nuestros hijos? ¿Pueden sentirse seguros, confiar en nosotros o entender qué se espera algunas veces de ellos? No se trata en ningún caso de apretar o soltar más. De gritarles un poco y compensar con un premio cuando nos sentimos mal. Como muchas veces estábamos haciendo.

De hecho, no se trata de posicionarse en un lado u otro. Se trata de salir de esa concepción «binaria» de la m/paternidad y ayudar a nuestros hijos e hijas a entender la vida con dos únicas barreras de seguridad que les van a hacer sentir a salvo. Se trata de redefinir los límites para que dejen de ser algo transitorio en función de sus conductas. Vamos a ofrecerles estabilidad real con dos conceptos fundamentales que nosotros como adultos no vamos a traspasar y, al mismo tiempo, les vamos a transmitir: el **respeto** por uno mismo y los demás, y la **seguridad** física y emocional.

¿Cómo se «instalan» esos límites? ¿Qué pasa cuando confiamos y nos centramos en establecer y cuidar un ambiente, un ritmo, más que un listado de normas? ¿Qué es lo que te estoy proponiendo? Simplificar la vida. De órdenes. De imperativos. De dedo índice al aire. De improvisaciones. De luchas de poder. De sentirte culpable. Simplificarla para ellos y para nosotras. Porque gracias a un cambio de perspectiva, el resto de «normas» y códigos familiares, los «Hasta aquí sí, hasta aquí no», podréis decidirlos entre todos, y todos sabréis cómo respetar esta nueva organización compartida.

Te estoy proponiendo que empieces a conectarte con tus

hijos de tal forma que no tengas que volver a obligar, mandar, amenazar, o chantajear.

Nadie mejor que tú para enseñarles los límites a tus hijos, el mundo de ahí fuera no lo hará con amor y respeto

No va ser necesaria la autoridad y no vas a tener miedo a que «se te suban a la chepa». Vas a establecer una relación de confianza y cooperación en la que puede haber también malos momentos, emociones desbordadas o situaciones que no esperabas, pero incluso eso va a servir para que estéis más unidos y la familia crezca junta.

¿Sabes por qué? Porque cada vez que tu hijo percibe que no sabes qué hacer, cada vez que cambias del grito al abrazo constantemente o que te posicionas en una actitud, autoritaria o permisiva, que te falta al respeto o no te tiene en cuenta, no vas a perder ni el amor ni la autoridad. Vas a perder su confianza y jamás vas a ganar su respeto.

Porque la confianza viene de serie, pero se puede perder muy rápido, con cada decepción en los momentos en los que les hacemos sentir que no estamos considerando sus necesidades, o cada vez que ven que no hacemos lo que dijimos que haríamos. El respeto real y sincero no se puede imponer, obligar o chantajear. Solo se gana con admiración.

¿Quieres probar? Haz de los límites una certeza, un lugar real para ellos. Haz que los sientan desde la **seguridad** y el **respeto.** Solo queremos aprender de las personas que nos hacen sentir seguros. Solo admiramos a las personas que saben mantenerse firmes con amor y vulnerables con sinceridad.

Imagina que vas a emprender una expedición al Himalaya y contratas los servicios de un sherpa. Cuando empezáis a ascender por la montaña observas que el sherpa está cada vez más nervioso, sudando, y que, llegado un punto, empiezan a temblarle las piernas y se pone a sollozar cada vez que mira al precipicio… ¿Subirías al Everest con esa persona? Espero que no. ¿Qué era lo único que necesitabas del sherpa? Que pudiera transmitirte seguridad. Como no conoces el idioma local, hubiera bastado con una actitud, con gestos. Con su «energía». Un «Seguidme, conozco el camino» en la mirada.

¿Miras a tus hijos con actitud de «Sé adónde vamos»? Yo lo he aprendido hace relativamente poco. Utilizando la **firmeza.** Déjame explicarte lo que es realmente.

La firmeza bien entendida no es enfadarse para que tus hijos reaccionen. No es un recurso que se base en infundir miedo para que nuestros hijos teman que actuemos de manera airada. «¡Cuidado, que viene mamá!» o «¡mamá me mata!»

La firmeza es la capacidad de tomar decisiones y tener la valentía de ser consecuente con ellas en momentos difíciles, en situaciones en las que cederías o algo te empuja a hacer exactamente lo contrario de lo que habías decidido. Justo antes de traspasar los límites.

La firmeza no precisa de reacciones violentas, malas palabras o enfados. La firmeza efectiva está cargada de paz, porque está basada en la **confianza**. En la seguridad de que esa decisión, aunque ahora provoque oposición por parte de nuestros hijos, con el consiguiente caos, es lo mejor para todos.

Se trata de tener la vista puesta en el horizonte del camino en el momento en el que empiezan los baches, para recordarles a tus hijos que no hay nada por lo que preocuparse, porque tú sabes adónde vamos, ¿recuerdas?

La firmeza no es algo que haya que ejercer sobre ellos, sino sobre nosotros mismos. Somos nosotros los que debemos trabajar esa confianza en la decisión tomada desde la reflexión y la calma. Debemos confiar en nuestra capacidad de llevarla a cabo. Debemos apostarlo todo por esos límites o normas que hemos establecido juntos.

¿A qué suena la **firmeza**? No suena a portazo, a aspaviento o a resoplido. La firmeza suena a comprensión y respeto. A compasión y a conexión. Porque al establecer los límites, si no se hace de manera respetuosa, podemos provocar todo aquello que estábamos intentando evitar. Conseguiremos exactamente lo contrario de lo que buscábamos.

Los límites se establecen de manera **respetuosa** y **segura.** Comprendiendo que cuesta cumplirlos, que normalmente son un «**No**» difícil de asumir por los niños, pero vamos a tener en cuenta que cuanto más perdamos el control, cuanto más intentemos obligar o más vayamos improvisando sobre la marcha, más inseguridad les transmitiremos, y recuerda que para que confíen en nosotras y nos respeten debemos ser consecuentes y, a ser posible, admirables. Un buen ejemplo en los peores momentos.

Nosotros sabemos expresar nuestra disconformidad con una norma o con un límite de manera respetuosa. Si vamos a cenar con amigos y el camarero nos indica que van a cerrar, no sería lógico tirarnos al suelo haciendo la croqueta y gritando «¡¡¡No, no, nooo, no quiero irme!!!», por mucho que estuviésemos disfrutando de la velada. Quiero pensar que nadie con más de cuatro años hace eso. Seguramente agradeceríamos el aviso, apuraríamos la consumición y nos quejaríamos bajito de lo temprano que cierran.

Ahora imagina que quieres decirle a tu hija de cuatro años que hay que irse de un cumpleaños, un parque o la piscina. Obviamente, va a decirte que no, y tú puedes estar diciéndoselo de manera muy amable, pero cuando tienes que insistir diez veces y no te hace caso, empezarás a enfadarte y a usar una «falsa firmeza», es decir, una actitud reactiva que muestra que la situación se te ha ido de las manos y tu último recurso es enfadarte y amenazar. ¿Por qué pasa esto? ¿Por qué no «hace caso» y hay que recordarle los límites cada día en cada situación?

Esto sucede porque hemos puesto el interruptor del límite en el enfado. Nuestros hijos no nos escuchan, y hasta que mamá o papá no se enfadan, puedo seguir a lo mío. Por otro lado los niños, en esas situaciones, además de estar jugando y pasándoselo muy bien, están aprendiendo. Los niños aprenden constantemente. Pero no van a saber decirte: «Mamá, necesito tirarme ocho veces más del tobogán para mejorar mi psicomotricidad y con ello afianzar mi lateralidad...».

No. Van a expresar su necesidad de juego y aprendizaje, su oposición a tu orden con protestas y dejándose llevar por el estrés. Y nosotros, por las prisas y el sentimiento de derrota en la batalla, vamos a enfadarnos aún más y a caer en lo de siempre.

Primero lo intentamos sin mostrar el más mínimo viso de seguridad en nosotros mismos (muchas veces incluso lo verbalizamos: «Ya verás, le voy a decir que nos vamos y me va a montar una...»), y eso, los niños lo captan y lo interiorizan más que tus palabras. Estás siendo un poquito sherpa miedoso en esos momentos. Y como no va a funcionar, pues dejamos salir toda la artillería pesada, creyendo que estamos controlando la situación y siendo muy «adultos», cuando realmente, en nuestro fuero interno, estamos muertos de miedo. Como el sherpa perdido, otra vez.

¿Cómo se hace? ¿Cómo se utiliza la firmeza de forma efectiva? ¿Cómo podemos mantener la situación dentro de los límites establecidos sin faltarles ni faltarnos al respeto?

Voy a regalarte mi truco

¿Recuerdas lo que es despertarte sobresaltada en medio de la noche al escuchar el llanto de un bebé de apenas semanas de vida?

¿Recuerdas lo que realmente estabas escuchando al oírlo llorar con fuerza a las dos de la madrugada? Hambre. Piel. Caca. Cólico. Dolor. No escuchabas un fastidio, algo punible. No te enfadabas con el bebé porque estabas escuchando una **necesidad**, y acudías a ella sin pensarlo. Y sin pensar en ti. Pues ahí está el problema. Cuando nuestros hijos comienzan a crecer y a valerse por sí mismos, nosotros necesitamos que sean autónomos cuanto antes y empezamos a ver sus necesidades como verdaderos fastidios. Los niños, siendo niños, molestan mucho al adulto que quiere estar «tranquilo».

Y por eso nos enfadamos. Porque lidiar con un «No quiero salir de la piscina» nos obliga a pensar soluciones, a aparcar lo que teníamos en la cabeza en ese momento y a «perder» nuestro «valioso» tiempo para redirigir la situación y aplacar ese fuego. Porque hemos educado y estamos educando solo en esos momentos de conflicto y no hemos planificado. Y esa situación se nos sale de los esquemas. Porque hemos olvidado que se educa cada segundo. Que tener hijos y guiarlos de manera responsable, implica la misma dedicación cuando tienen dos semanas de vida que cuando tienen diez años. Pero estamos muy cansados, estresados y bloqueados. Y rendidos.

Pero no te preocupes, porque te acabo de dar mi truco. Es un botón nuevo que puedes instalarte en tu disco duro. A partir de ahora, cuando tus hijos no quieran aceptar algo que se había decidido, cuando surja un conflicto porque una situación se sale de los límites, escucha ese llanto.

En lugar de un portazo o un «No me da la gana», intenta escuchar ese grito pidiendo ayuda en mitad de la noche. Y no serás capaz de enfadarte. Vas a acudir, en lugar de intentar anular, obligar o castigar. Escucha la urgencia y nada de lo que pase te desconectará de sus necesidades. Y podrás sacar la **firmeza**.

Una seguridad y un respeto por sus procesos que ni tú misma vas a creerte. Como cuando podías salir en mitad de la noche en dirección al hospital por una convulsión o un ataque de asma, y te mantenías estoicamente tranquila, para poder derrumbarte de nervios a gusto cuando ya todo estaba bien. Podrás sacar esa firmeza que, en una noche de vómitos, susurra al oído «mamá se encarga». Y podrás entender que no quiera salir del parque. Podrás cogerle en brazos y mantenerte calmada y respetar con compasión su mal momento mientras grita, porque en ese instante tu niña de 4 años vuelve a tener 3 semanas y te necesita íntegra, estable y al cien por cien de recursos. No le puedes fallar. Ni a ti.

¿Sabes cuánto tarda en funcionar?

Es casi inmediato. Mágico. Cuando en una situación de absoluto caos, pones tu paz sobre la mesa, todo el mundo a tu alrededor va a contagiarse de esa calma. Es fisiológico. Nuestros cerebros beben de la emoción que más les ayude a integrarse, a volver al equilibrio.

Pruébalo. Piensa en ellos como bebés mucho más a menudo. Pero no para tratarles como si lo fueran, sino para que no se te borre nunca más esa mirada de amor incondicional que te ayudó a soportar miles de noches sin dormir.

Inténtalo. Vuelve allí por un momento. O regresa a alguna situación en la que tu madre te miró con ojos de «Todo va bien, cariño», en mitad de una tormenta. Es esa sensación de protección y admiración.

Ya casi lo tienes. Porque además voy a darte una buena noticia. Cuando empieces a usar este lenguaje de compasión, cuando pongas como timón la seguridad y el respeto en situaciones de caos, no solo va a ser efectivo en esos momentos, sino que, poco a poco, tus hijos van a **confiar** y a **respetarte** de tal forma que, cuando mamá diga «¡Chicos, es la hora!», no tengas ni que decir «Nos vamos»... Ellos ya estarán despidiéndose de sus amigos.

Y no vas a necesitar el tan cruel y poco educativo «¡mamá se marcha!», que va en contra de la definición misma de «respeto» (cuando le dices «¡mamá se marcha!» a un niño pequeño, y comienzas a caminar sin mirar atrás, ese niño o esa niña creen realmente que los estás abandonando… Es cruel para ellos y poco útil para ti. Estás haciendo peligrar su confianza y seguridad en ti, que eres su figura de apego).

¿Con quién estás siendo firme realmente? Contigo misma. Porque si eres capaz de mantener esa actitud de comprensión cuando ellos no puedan gestionar sus emociones, es a ti a quien estás empujando a mejorar. Y a ellos de tu mano. Serás el ejemplo vivo de todas las habilidades para la vida que quieres enseñarles. Un mal momento y toda tu comprensión sobre la mesa. Ahí estás educando bonito.

Necesito lo mejor de ti cuando veas lo peor de mí

Antes conseguías «no enfadarte» durante varios días (pero ibas apretando los dientes, y eso es lo mismo, porque ellos notan tu tensión aunque no la exteriorices), y al final, por cansancio o prisa, en un mal día acababas explotando. ¿Qué pueden percibir nuestros hijos? Un baile sin sentido. Hoy explosión y mañana tensión sin truenos, exactamente en la misma situación. Mucha inseguridad y confusión.

¿Confiarías en alguien que actúa de esa forma? Prueba a traducir protestas en llantos de lactante e intenta mantenerte hasta que un día, mágicamente, dejen de reaccionar negativamente a un límite, o lo integren desde la confianza, aunque al principio no les guste. Confiarán en que si tú les dices algo es porque se va a hacer, sin que nadie salga «dañado» emocionalmente. Porque vamos a seguir con el plan, aunque a ellos se les haya olvidado. Y además vas a hacerlo teniéndoles en cuenta. Viendo sus necesidades más allá de sus conductas. Y ahí te darás cuenta de dos cosas.

La primera: ha funcionado. Ser respetuosa y mostrar plena confianza y seguridad en tus decisiones les ha hecho conectarse con esa firmeza que tanto necesitan los niños. Con un sherpa que se parece un poquito más a Indiana Jones o a la princesa Mérida, de *Indomable*.

La segunda: ¿cómo podíamos pretender que nos hicieran caso a la primera y sin rechistar? ¿En serio lo creíamos? Les estábamos exigiendo, una vez más, una serie de cosas que van en contra de la naturaleza humana. Si un niño, o una persona adulta, recibe una orden que va en contra de sus necesidades en ese momento, va a oponer resistencia de la forma en que haya aprendido que resulta efectiva.

Y, muchas veces, protestar sirvió para romper esa norma o saltarse aquel límite. Funcionaba. Muchas veces, no fuimos firmes con nosotros mismos y, encima, tampoco fuimos respetuosos con ellos. Porque cedimos en modo «sermón-bronca».

Espero que no te estés sintiendo culpable y puedas reírte reconociendo esos momentos en los que «te ganan» pero sientes esa derrota y no puedes evitar reñir un poquito. Sí, ¿verdad?

Todas hemos estado ahí. Pero se acabó. No solo vas a lograr que tus hijos te escuchen y las cosas sean más fáciles, sino que vas a notar que te miran con los ojos llenitos de agradecimiento, porque, aunque vas a decirles muchas veces que no, vas a hacerlo transmitiéndoles seguridad y respeto, y ellos eso lo traducen en **amor**. Ya no les mandas, les cuidas.

Ellos han venido a tirar tanto de nosotros, que el día que dejemos de oponer resistencia y comencemos a mirarles desde la conexión, va a ser todo tan ligero, tan real, que nos va a dar la sensación de que los pies ya ni tocan el suelo.

Que los límites que les pongamos a nuestros hijos sean la medida del respeto a ellos mismos y a los demás

Un matiz. La firmeza no tiene nada que ver con la inflexibilidad o la rigidez. La firmeza es una postura desde la reflexión y la calma, no necesariamente debe de ser inamovible. Debe de ser consecuente.

A veces nos volvemos locos por no desdecirnos y mantener un «¡Te dije que no!», por el simple hecho de no parecer blandos o inseguros, pero precisamente es la actitud irrespetuosa que nos sale en ese «¡Te dije que no!» lo que destruye la oportunidad de aprendizaje.

Ser firmes no significa mantener siempre la misma idea, significa ser consecuente con un plan que va mucho más allá de una situación concreta. Y al final, con la práctica, te darás cuenta de que es muchísimo más fácil ser firme que improvisar. E insisto, te obliga a planificar, y aprenderás a hacerlo tan bien que te saldrá incluso con los imprevistos. Porque habrás aprendido a ver cuáles son los únicos dos límites imprescindibles: **seguridad** y **respeto**.

Lo que estoy haciendo ahora mismo, ¿le hace sentirse seguro y respetado? ¿Me respeta a mí y respeta la situación? Son preguntas que podemos hacernos a menudo, porque la respuesta es tan sencilla como ponerse en sus zapatos. Tenerles en cuenta. Y a la hora de decir que no, si la situación lo requiere, hacerlo siempre comprendiendo y validando sus reacciones o decisiones.

Porque ya veremos más adelante que esas reacciones no están sujetas a ningún control en ese momento y no pueden gestionarlas, pero si les acompañas y las validas, aprenderán de ellas. Podrán identificarlas y gestionarlas de tal forma que, en otra situación, sean ellos solos quienes saquen partido de esa emoción, en lugar de verse desbordados y dominados por ella.

«Sé que aún no quieres salir del agua, cielo, sé que lo estabas pasando fenomenal. Entiendo que te enfades por irnos ya.»

Y dale un abrazo fuerte. Si se deja. Y si no se deja, saca esa mirada, esa voz afinada en paz, y deja que fluya su frustración.

Cada vez necesitaréis menos tiempo, porque cada vez confiará más y aprenderá algo muy valioso, una habilidad nueva para conseguir algo que quiere. El cariño y el respeto.

Ellos van a empezar a pedir, manifestar y oponerse de la misma manera. Amables y firmes. Asertivos y respetuosos.

¿No te lo crees? Inténtalo. Sé que puedes ser ese faro que se mantiene encendido, esa luz que les trae de vuelta si la vida se vuelve tormenta.

No. Hay tantas cosas a las que debemos y podemos decir «no» a nuestros hijos, que quizá tendríamos que revisarlo todo para ser un poquito más certeros y no confundir los límites con la distancia.

Decimos «no» a otro cuento más, a dormir con ellos, a cachorrear en el suelo, a escuchar historias imposibles, a parar y sentarnos a su lado para ver cómo juegan, decimos «no» a disfrazarnos un día cualquiera o a pintarnos las uñas de los pies. Decimos «no» a llorar cuando hace falta, a soltar la pena que les asfixia si hay gente delante, a moverse demasiado, a estar disponibles emocionalmente. Decimos «no» si nos buscan por detrás de nuestro ego, si nos mueven de algo planeado, controlado. Decimos «no» a los tropiezos, a los miedos y a todo lo que no suena perfecto.

Y pasa el tiempo y tienen un smartphone, *un televisor en la habitación y tres consolas a una edad en la que deberían estar descubriendo cómo gira el mundo con una peonza.*

Y ahora son ellos quienes nos dicen a todo que «no», perdidos, muy lejos… a un millón de gigas de distancia.

5

Un poco de autoconocimiento para una mejor gestión emocional

> *We are diamonds taking shape.*
>
> COLDPLAY, «Adventure of a Lifetime»

El lugar más peligroso del mundo es la distancia entre dos corazones indefensos. Perdidos. El espacio vacío entre tu enfado y su miedo.

El lugar más seguro del mundo es un abrazo de años luz que convierta el volcán desbocado del pecho en hogar. En volver a vernos. Soy tu lugar y tú... eres de donde vengo.

En la Universidad, mientras estudiaba Logopedia, aprendí mucho sobre anatomía y sobre el cerebro. Recuerdo con una mezcla de horror y cariño las horas que dediqué a aprenderme las vías sensitivas, que son el recorrido de estructuras que funcionan en nuestro sistema nervioso para transmitir el procesamiento sensorial. Una lista de nombres asociados a dibujitos en forma de mapa que era incapaz de memorizar, pero que al mismo tiempo me apasionaban por mi fascinación hacia el conocimiento del ser humano.

Más tarde, cuando me peleaba con los apuntes de Psicología, que nunca terminé, descubrí una visión del cerebro mucho más triste. Limitante. La asignatura de Psicopatología fue mi gota que derramó el vaso. Suelo comentar a modo de broma que, según ese libro, todos estamos muy locos.

Años más tarde conocí a Jane Nelsen, a Lynn Lott y a Daniel Siegel y todo comenzó a encajar. Me hicieron recordar aquellos días de la facultad en los que un profesor muy querido nos decía a menudo una frase que me ha servido para explicar muchas cosas:

La función hace la estructura

Si el cerebro, o cualquier otro órgano de nuestro cuerpo, crece desarrollando su función de una manera dinámica y equilibrada, ese órgano se integrará con el resto de estructuras de forma que resulte eficaz para el sistema complejo del que se compone nuestro cuerpo. Se desarrollará, si no intervienen otro tipo de factores externos, de manera sana y útil.

Parece una obviedad, pero aunque nacemos con nuestro cuerpo completo, todo tiene que crecer. Piénsalo. Damos por hecho equivocadamente que la genética determina todas nuestras formas y funcionalidades, pero eso no es del todo cierto. Somos seres sensibles y crecemos en función de las experiencias que vivimos, además de nuestro mapa genético. Es por ello por lo que la forma en que utilizamos nuestras estructuras cuando se están desarrollando, tiene mucho peso en el resultado de nuestra salud, y en la persona que seremos en la edad adulta. En cómo nuestro cuerpo va a responder a lo que perciba.

Ahora pensemos en cuántas veces crecemos «utilizando mal» alguna parte de nuestro cuerpo. ¿Recuerdas cómo pesaba la mochila del cole cuando teníamos que llevar todos los libros cada día? ¿Cómo han crecido esas espaldas? ¿Algún niño que conoces ha necesitado aparato en los dientes después de usar succionadores artificiales (chupete o biberón) de forma excesivamente prolongada? A todo esto me refiero: «La función hace la estructura». Nuestro cuerpo, a estas alturas, es un poco la muestra de cómo lo estamos usando. Nosotros, a estas alturas, somos el reflejo de cómo estamos viviendo. Nuestros cerebros son como marañas de información hechas de nudos y conexiones que se ramifican y hacen el recorrido de todo lo que vamos viviendo en forma de impulsos eléctricos e intercambios químicos.

Cada experiencia y cada momento significativo, cada percepción, va a producir nuevos pasitos en esa maraña de caminos, nuevas conexiones que luego serán los mapas de los que echaremos mano para actuar en la vida.

Para explicar cómo funciona el cerebro, de forma que todos podamos comprenderlo, suelo usar el ejemplo de Daniel Siegel, extraído de su libro *Tormenta cerebral*: «El cerebro en la palma de la mano». Según este «modelo manual», el cerebro está dividido en tres partes que representan sus principales funciones. Una es la base, la zona del tallo cerebral, encargada de regular las funciones vitales e involuntarias más básicas (el metabolismo, la temperatura corporal, los latidos, la respiración, etc.). Otra sería el cerebro medio, más animal e instintivo, encargado de integrar las emociones con la memoria, junto con las neuronas espejo. Y, por último, estaría la corteza cerebral, que sería la parte del cerebro más «evolucionada», que regula esas emociones para aprender relaciones interpersonales, la flexibilidad, la moralidad, el pensamiento racional, la conciencia de uno mismo, etc.

Podemos enseñarles a los niños cómo las tres partes trabajan integradas en nuestro beneficio. Nuestras funciones vitales más básicas nos mantienen con vida, nuestro cerebro medio integra el mundo emocional y lo utiliza para nuestra supervivencia, lo transforma en aprendizaje a través de la memoria y el modelado con las neuronas espejo, y la corteza regula, ordena y racionaliza.

¿Qué aprendizajes podemos extraer con este ejemplo? La corteza prefrontal y las estructuras que conforman el cerebro racional crecerán más sólidamente cuantas más experiencias emocionales y de conexión podamos vivir y «cablear» en nuestro cerebro, por el intercambio químico y eléctrico que se establece, y serán la base de todo el estrato del pensamiento racional. Los recursos de los que vamos a disponer para la resolución de conflictos y el procesamiento a nivel cognitivo.

Si las emociones vividas, validadas y gestionadas desde la plena consciencia serán la base de un cerebro resolutivo, ¿por qué nos hemos empeñado en silenciar, anular y amputar todo nuestro mundo emocional?

Si las emociones se expresan basándose en lo que captamos del mundo que nos rodea, ¿por qué estamos absolutamente desconectados de nuestro mundo sensorial?

«No llores.» «¡Tranquilízate!» «No te pongas así.» «Cálmate de una vez.»

Podríamos hablar largo y tendido de la amígdala, que regula el miedo; de los neurotransmisores e incluso de todas las vías sensitivas, pero recuerda siempre que el órgano que controla nuestra existencia no va a crecer sano si no puede experimentar emociones y entender las sensaciones que le llevan a ellas. Y para ello vamos a profundizar —o vamos a ir más a flor de piel, según se mire— en el procesamiento y la integración sensorial.

¿Somos conscientes de la intensidad de la estimulación que reciben nuestros hijos y cómo les afecta a la hora de desarrollar sus percepciones del mundo, de integrarlas en el crecimiento de todo su cuerpo?

Al cerebro infantil le atraen los estímulos sensoriales (colores, luces, sonidos, pantallas) en la misma medida en que les satura. Por ello todo lo que se vende en el mundo infantil es chillón y «estimulante», y por ello los adultos deberíamos protegerlos de esa amenaza. Si la función hace la estructura, no queremos que sus mentes en crecimiento se desarrollen estresadas y sobreestimuladas.

Es muy interesante conocer cómo funciona el cerebro, pero no podemos olvidar que, para vivir una vida sana, estable y feliz, es tan necesario conocer el funcionamiento de un órgano como escuchar lo que a cada uno nos dice a través del resto del cuerpo.

Hay un millón de libros, artículos y estudios que hablan del cerebro. Pero yo le he cogido cariño, sin embargo, al cerebelo. Ese órgano eclipsado y escondido por su hermano mayor, que está en la base del cráneo y tan poca gente conoce. Esta pequeña y olvidada parte de nuestro cuerpo que se encarga de algo tan fundamental como regular las funciones de uno de mis conceptos favoritos: el equilibrio.

El cerebelo recoge y organiza la información recibida y es un puente entre los sentimientos y los pensamientos. Es el órgano de los **sensamientos**.

Un «sensamiento» es un concepto abstracto e inventado que yo utilizo para describir los pálpitos, las intuiciones, las vibraciones y las ideas que no sabes de dónde vienen, pero te cambian el día. Esos pequeños pellizcos que te van guiando y que aparecen justo cuando los necesitas. A veces son esa gran idea que te nace de forma inesperada, o ese «¡Ups!», cuando crees que te has precipitado, cuando algo grande se rompe y parece un fracaso, pero luego entiendes que fue un «sensamiento» empujando desde dentro.

Los niños viven ahí, sin haberse desconectado de sus sentimientos y, por eso, casi todos sus pensamientos son especialmente reales. Lógicos.

A nosotros nos cuesta disfrutar de esa conexión mágica porque en cada razonamiento, en cada situación, nos negamos un poco, y en vez de sentir, pensar y decidir… nos hemos olvidado del primer paso.

Voy a contarte algo importante: ¿sabes de dónde viene la palabra **sensatez**? Es una formación romance con sufijo de cualidad -*ez* sobre la palabra «sensato», y esta viene del latín *sensatus*, que es un adjetivo con forma de participio de un verbo que en realidad no existe, y se deriva de *sensus* (acción de **sentir** y **percibir**), nombre que resulta del verbo *sentire*.

¿Puede ser que sin ser conscientes de nuestros sentimientos, de los pensamientos derivados de ellos, los «sensamientos», sea más difícil alcanzar la sensatez? Ahí lo dejo.

No sabemos interpretar las señales de aviso de nuestro cuerpo. Hemos desconectado el radar que nos llevaba a nosotros mismos y a nuestras verdaderas necesidades, y en lugar de vivir, de utilizar nuestras estructuras de propiocepción para explotar nuestro potencial de vida, sobrevivimos sin saber cómo. A nosotros nos enseñaron a anular procesos, no a experimentarlos.

«¡No llores!»

Investigar, avanzar, leer y descubrir a través del método científico cómo funcionamos es maravilloso para poder curar y salvar vidas. Para entender la enfermedad y para dar explicación al sentido de las cosas.

Pero para vivir de forma plena, ya tenemos el libro perfecto. Sería maravilloso escucharnos un poquito más a nosotros mismos. Porque la taquicardia previa a la ira nos avisa de que la situación se nos va de las manos.

Los hombros encogidos de miedo nos avisan de que vivimos en tensión constante. El ritmo de la respiración excitada, delata las ganas o la euforia. Al igual que la fiebre nos habla, nuestros procesos fisiológicos y nuestras respuestas a las percepciones del exterior también lo hacen.

Pero no sabemos leernos. En los cursos de formación explico con un ejemplo muy tosco el modo en que nos mentimos y recurrimos solo a la paciencia para educar, y comparto que no debemos fiarnos de ella como herramienta educativa.

Nuestro cuerpo tiene determinados filtros que limpian los desechos de todo el organismo; como, por ejemplo, la orina. Suelo preguntar a las familias cuánto tiempo aguantan normalmente sin orinar. La gente duda y nadie sabe dar una cifra en tiempo determinada. Depende de cada momento, de lo que hayamos bebido, etc. Nuestro cerebro tiene también un sistema de «filtrado» emocional que sirve para tramitar una intensidad que no podemos manejar. Se nos escapa. Como cuando no podemos evitar que se nos escape la orina después de haber aguantado demasiado.

Ese «aguantar» es la paciencia. No tenemos la misma cantidad un lunes a las ocho de la mañana, que un viernes a las seis de la tarde. Influyen infinidad de factores en nuestra forma de «contener» una emoción, y la mayoría de ellos está fuera de nuestro control. Es una herramienta educativa demasiado inestable. Reactiva. Generada desde un intento de contención, no desde la gestión.

Pero es una de las pocas estrategias que tenemos las personas que no hemos aprendido a utilizar nuestras emociones en nuestro beneficio, que solo las «aguantamos» hasta que se «escapan», hasta que la corteza cerebral no puede tramitar tanta intensidad y se «desconecta», se «apaga», y con ella toda racionalidad en los momentos álgidos.

Si fuéramos capaces de «notarnos», de percibir cómo nuestro cuerpo nos avisa de que está apunto de «desbordarse», con ese calor en las mejillas o ese tono de voz que va subiendo en intensidad y frecuencia, podríamos buscar una forma de calmarnos, reconectarnos y llevar las situaciones de una forma racional y madura.

Como no hemos aprendido a hacerlo y nuestro cerebro ha cableado toda nuestra cabeza para «reaccionar» cuando una emoción nos desborda, en lugar de actuar, en lugar de recoger las percepciones e integrarlas para nuestro beneficio, debemos tener claras dos cosas:

- Nuestras emociones nos van a dominar y a jugar malas pasadas muchas veces, es humano. No debemos caer en la culpa, sino buscar soluciones, y reparar si por esa gestión emocional tan rudimentaria faltamos al respeto o hacemos sentirse mal a nuestros hijos.

- Es recomendable, en esos momentos de «cerebro racional apagado», no hacer nada. Si hemos perdido conexión con nuestra capacidad de análisis, flexibilidad y gestión emocional, nada de lo que digamos en esa situación será conveniente. No es momento de educar cuando no podemos pensar con claridad. Vamos a olvidarnos de las «broncas» que solo servían para alejarnos de nuestros hijos, poner su «interruptor» de acción en una falta de respeto (no hago nada hasta que alguien me grite, es normal gritar cuando quieres algo, la gente que me quiere puede gritarme) y darles muy mal ejemplo para la resolución de conflictos.

Dicho esto, es fundamental entender que los cerebros humanos tardan varias décadas en «crecer» y funcionar de forma integrada, por lo que nuestros hijos van a funcionar con su cerebro «racional» aún en construcción.

Sus emociones tienen muy pocos filtros porque, precisamente, están creándolos en función de las experiencias emocionales que tengan.

Recuerda que en el cerebro medio, que es desde donde están funcionando ellos, además de la memoria, que va a recoger esas emociones sin filtro, están las neuronas espejo. Estas sirven para el aprendizaje a través del «contagio» de las emociones.

¿Qué significa todo eso? Que cuando nuestros hijos no sepan cómo asimilar una situación, no van a escucharte, harán suya la emoción que nosotros estemos proyectando en ese momento. Nosotros u otras figuras de apego, el entorno, etc. Los niños son expertos en empatía, literalmente se comunican a través de las emociones. Las perciben y las expresan en su forma más pura. Es una oportunidad, entonces, de enseñarles qué son y cómo se usan, en lugar de condenarles a anularlas.

En mis sesiones de formación insisto: de nada vale llenar las casas y las escuelas con el maravilloso «Monstruo de los colores» de Anna Llenas, si ante una situación de estrés siguen oyendo un «¡No llores!». De nada sirve que sepan nombrarlas si no van a poder sentirlas.

Por todo ello es tan importante:

- Tener muy presente que nuestros hijos están aprendiendo **todo** en sus primeros años de vida, y va a ser un aprendizaje muy «paso a paso». Cada situación se «descompone» para ellos en infinidad de factores, como la curiosidad, la necesidad, la urgencia, la propiocepción, la integración sensorial, etc. Para ellos aprender a abrocharse un botón o a responder a un «¿Por qué?» requiere, antes, ir superando pequeños pasitos. Su capacidad de aprendizaje no es tan simple como un «No sé algo-lo vivo-lo aprendo», y nosotros no podemos conocer todos esos procesos a nivel de desarrollo cerebral, pero sí podemos optar por una postura de acompañamiento respetuoso. De observación y validación.

- Asumir sus reacciones sin filtro mientras están aprendiendo a regularlas, y eso es un proceso lento que requiere respeto y mucha confianza. No pueden «calmarse» de manera consciente, están aprendiendo y solo lo harán si experimentan con todas sus emociones primero.

- Asumir que algunas de nuestras reacciones sin gestión emocional podrían darles el peor de los ejemplos y «contagiar» sus procesos de «reacciones» en lugar de emociones vividas desde la propiocepción y la consciencia.

- Aceptar los momentos en los que las emociones nos desborden, a ellos y a nosotros, como oportunidades de aprendizaje, donde se puede dar buen ejemplo al disculparnos e intentar solucionar las cosas de forma activa. Volver a conectarnos con nosotros mismos y con ellos.

- Volver a encontrarnos. Hacer un trabajo de autoconocimiento activo procurando escuchar a nuestro cuerpo y las señales que nos avisan de que nos alejamos de nuestro equilibrio.

No se trata de conocer cómo funciona el cerebro para que nuestros hijos se porten bien y nos lo pongan fácil, se trata de aprovechar la información que tenemos para acompañarlos en el desarrollo de una función equilibrada que les garantice un crecimiento sano.

Función adecuada para estructura futura fuerte y segura

Además de educar a nuestros hijos, tenemos en nuestras manos un porcentaje muy alto de su salud mental adulta. Igual que podemos protegerles de otros peligros para su salud, sería muy positivo pararse a pensar en cómo están creciendo sus mentes además de sus cuerpos.

Ni silla de pensar ni bote de la calma

¿Serías capaz de pensar en una solución a tus problemas cuando tu cerebro racional está «apagado», cuando acabas de recibir una reprimenda o cuando te sientes mal por haber tenido un momento emocionalmente intenso que te ha dominado? Nos empeñamos en que los niños piensen, pero para ello antes deben de sentirse bien. Estar en calma. Receptivos. Por eso cualquier estrategia que les aísle, como la silla de pensar o salir del aula porque molestan, lo primero que consigue es revolver su pertenencia, hacerles sentirse «fuera».

Si ya no se sentían bien, estar mal y solos va a empeorarlo todo y llevarles a tomar decisiones futuras desde la búsqueda, desde la necesidad y la urgencia de ser tenidos en cuenta, no desde la calma y la estabilidad.

Si en lugar de pretender que piensen, les enseñamos a buscar espacios de calma, a diseñar con ellos sus «trincheras de seguridad», podrán acudir a encontrarse con sus propias emociones, y les permitirán fluir para entenderlas y aprender de ellas.

¿Bote de la calma? No lo veo. ¿Sabes por qué? Porque no es algo que ellos busquen, que a ellos les ayude, o que nazca de sus gustos o preferencias, es algo que les llama la atención por los brillos y el movimiento (¿más estimulación?), pero no es un recurso que puedan sentir como suyo.

¿Cuál sería la forma de ayudarles a recuperarse de momentos de «cerebro apagado» y poder sacar conclusiones que les empujen al aprendizaje?

Salir a veces es fundamental para oxigenar, para tomar perspectiva, para moverse y desintoxicarse. Podemos enseñarles a hacerse dueños de sus procesos y vivencias. Para ello es preciso que el niño aprenda a «salir» de una situación que le supera para lograr calmarse. Podemos ayudarles a diseñar un espacio (es suficiente un rincón en el que puedan sentirse a gusto, a su elección) con elementos que les gusten. Es necesario que el niño o la niña tengan la edad suficiente para contar ya con unos gustos o intereses determinados; antes de eso, el sitio de calma por excelencia somos nosotros.

Son nuestros abrazos. Más adelante, los abrazos no deben faltar tampoco, pero se trata de darles espacio y autonomía para que ellos mismos puedan gestionarse.

Las primeras veces, después de haber diseñado el espacio, es probable que los niños no acudan, suele ser necesario «practicar» escenificando momentos de malestar con ellos. De esa forma van creando el recurso de manera que lo recuerden y puedan acudir allí para calmarse... y luego pensar.

No les animamos a que vayan a calmarse, les podemos acompañar las primeras veces o recordarlo en otros momentos, cuando estén receptivos. «¡Recuerda que puedes relajarte siempre que quieras en tu cueva mágica!»... Si les pedimos que se vayan en pleno momento de tensión podrían percibirlo como una especie de abandono.

Entonces... ¿qué necesita un cerebro humano para crecer a un ritmo lento de forma sana? Cablearlo con experiencias de conexión y seguridad, en lugar de con miedo y búsqueda, que al final podrían convertirse en incapacidad y rechazo.

Necesitamos volver a la piel para recargarnos de oxitocina, que es la hormona del amor, que fomenta la salud. Ralentizar mucho el ritmo de la vida, para rebajar el cortisol, que es la hormona del estrés y el miedo, que frena el crecimiento.

El ser humano no ha cambiado fisiológicamente desde que la vida era mucho más sencilla. Vivir en constante alerta o soledad va en contra de nuestra naturaleza.

En todas mis sesiones de formación surge un debate sobre cómo la vida condiciona con su ritmo todos nuestros procesos. Es una realidad, pero conocer cómo nos afecta podría ayudarnos a priorizar.

¿Y cómo se hace eso? ¿Cómo gestionar emociones, integrando nuestro mundo sensorial de forma que podamos utilizarlas en nuestro beneficio, en lugar de dejarnos dominar por ellas en la sociedad en la que vivimos?

Autocuidado

En gallego hay una palabra mundialmente conocida: «morriña». No es fácil traducirla, pero es algo así como el sentimiento de pena y a la vez de alegría que te invade al añorar algo, generalmente un sitio en el que fuiste feliz. Yo creo que todos vivimos con un poco morriña de nosotros mismos, de los días felices que buscamos en las fotos o en los mapas. Morriña de ser, de dejarnos sentir sin necesidad de anularnos, de dejar de tener vergüenza o miedo de ser auténticos.

Tenemos que volver allí y cuidarnos. Comprender que es una irresponsabilidad atender y entregarse en cuerpo y alma, a medio gas.

La crianza es un período en el que se llevan al límite todas nuestras capacidades, y se desbordan casi siempre. Sabiendo esto, deberíamos recuperar todas esas actividades que nos recargan tanto a nivel físico como emocional. Retomar todas aquellas pequeñas cosas que hacíamos antes de tener hijos y que fuimos dejando de lado para ofrecerles todo lo mejor. Vamos a replantearlo para que podamos ser, seguir creciendo, darles lo mejor y no ahogarnos por el camino. Vamos a dejar de pensarnos solo como progenitores y recuperar nuestra identidad y nuestros momentos de autocuidado y diversión.

Quizá estés pensando que no se puede, que no hay tiempo. No estoy de acuerdo. Siempre hay un rato para ajustarse y aprovechar un momento y dedicárnoslo a nosotras mismas, para demostrarles a nuestros hijos que nuestro yoga o nuestro paseo es igual de importante que su judo y su piano.

Y de esa forma estaremos ofreciéndoles una versión más equilibrada de nosotros mismos y enseñándoles que nos respetamos y nos tenemos en cuenta. El cuidado y el descanso de mamá y papá son igual de importantes que el suyo. Con todo esto nos costará menos afrontar los momentos de estrés, no nos desbordaremos tan a menudo.

El autocuidado es un requisito **obligatorio** para cualquier persona que tenga que cuidar a otra. La entrega es maravillosa, nos recarga y nos llena, pero también pasa factura si no nos cuidamos a nosotros mismos. Si no lo hacemos, nuestros pensamientos cargados de cansancio, con una sensación de «no llegar», y por tanto de culpa, van a generar muy malos sentimientos. Porque cuando no escuchamos a nuestro cuerpo, cuando no le hacemos caso, nuestra mente nos engaña para que reaccionemos y se activa la cadena de la autodestrucción, que es una rueda difícil de parar si no ponemos atención en lo esencial.

Escúchate. Cuídate.

Pedir ayuda

¿Y qué sucede cuando no es posible ese autocuidado, cuando ocurren cosas que nos desbordan, cuando surgen problemas que nos superan y la logística o nuestra salud peligra?

Es necesario dejarse romper cuando las cosas no van bien. Así permites que salga por una grieta la luz que llevas dentro... esa luz atrae a quienes saben verte. Y vienen. Y te recuerdan quién eres. Y luego estás bien. Muy bien.

No sabemos pedir ayuda. Nos cuesta permitirnos la honestidad de ser vulnerables, de asumir que no podemos o no sabemos. Y es lógico cuando siempre fue obligatorio llegar y poder con todo. El sistema en el que vivimos exprime y exige por encima de lo humanamente posible. La ausencia de conciliación, los problemas sociales, la soledad. Criamos y educamos en núcleos aislados sin poder apoyarnos en la figura de la «tribu»... Por eso es tan importante recuperarla. Encontraremos muchas puertas cerradas, pero la vida siempre sorprende con una mano de ángel cuando menos lo esperas.

Pero debes pedir.

Debes rendirte, a veces, para que esa luz tuya llegue a quien está atento. Pide ayuda. No esperes.

Has leído y leerás mucho sobre el cerebro y los procesos de tus hijos, pero no dejes nunca de leerte, de mirarte y de cuidarte, porque eres lo único y más importante que tienes para ellos.

Tú

Ellos no van a tener en cuenta lo cargada que subes del garaje con la compra, el carrito lleno de abrigos y el enano en brazos. Ni cuando haces malabares para encajar sus rutinas en las tuyas porque vivimos fiscalizadas en todo momento. Ni cuando tiendes la ropa a las dos de la mañana, cuando te cortas pelando patatas o cuando repites ropa por no pararte a rehacer el modelito. No tendrán en cuenta las madrugadas de pediatra, limpiando vómitos o de terrores nocturnos. No se dan cuenta de los «Quiero caca» en mitad de la autopista o cuando por fin encontraste sitio en la playa y hay que recorrerla entera hasta el cuarto de baño más cercano. No son conscientes de lo que lloraste por las grietas en tus pezones o de los miedos que afrontaste al poner un pie fuera del hospital. Ni se van a acordar de tus tardes de parque con dolor de regla que te parte en dos o las veces a la semana que piensas «¿Qué les hago de cena?».

Por mucho que les digas, no van a valorar ni una sola de tus renuncias o sacrificios. Ahora mismo no les importa. ¿Sabes lo único que sí están mirando? Cómo estás tú, no la casa, ni el trabajo. Nada de esto. Van a fijarse, tener en cuenta y valorar únicamente cómo estés con ellos. Si sonríes o estás distante, cómo es tu tono de voz y tu forma de mirarles. Todas tus energías y esfuerzos por atenderles podrían ser en vano si no tienes en cuenta su verdadera prioridad: **tú**.

Los inicios. Primeriza tres veces

Son todo primeras veces, con más o menos tablas, pero siempre te sorprendes a ti misma con un miedo nuevo. Con un bache menos. Primero de lágrimas, segundo de pánicos, tercero de dolor... en todos te dejas un trocito de vida y el alma entera, y en cada uno de ellos te descubres inmensa o inútil en un millón de cosas nuevas.

Es inevitable el flechazo y la luna de miel, que dura desde el olor a cachorro que te provoca esa subida de vida en forma de leche, hasta el primer día en que te visualizas huyendo, desbordada de pañales, de mocos y del concepto de «maternidad».

¿Hiciste un máster en insomnio? Pues ahora te llega uno de rabietas, que cuando pasan y te crees una experta, te llega uno de reflujo o uno de frenillo mientras tu primer bebé ya aprendió a decir «No-me-da-la-gana» y te preguntas: «Pero ¿cómo puede ser que ya no sepa dar la teta? ¿Cómo puede ser que se me esté yendo de las manos?».

El «Estoy genial» cada vez te sale más convincente, el ombligo descompuesto cada vez te da menos asco y aprendes a peinarte y preparar mochilas al mismo tiempo, pero sigues intentando, ilusa de ti, hacerte un horario y cumplirlo...

Entre la lotería y la ruleta rusa están los patrones de sueño de tus hijos, que pueden determinar si te plantas en uno o te marcas un «living la vida loca» y vas a por el tercero... ¿Y el entorno? De primero te «enseñan», de segundo te juzgan y de postre, con suerte, no te hablan.

¿Dónde está ya tu preocupación por las estrías?, ahora la cosa va más de canas, porque el tiempo no perdona y las prioridades cambian. ¿Y ese proceso gravitatorio del abdomen vacío? A la deformidad no te acostumbras y, aunque te mientas y te digas, romántica, «Ahí dentro había vida», el susto al desnudarte en el espejo, te lo llevas.

Eres y serás primeriza toda tu vida... y las veces que hagan falta, porque somos animales de costumbres, y no vaya a ser que nos olvidemos de crecer, y no vaya a ser que pensemos, soberbios, que habíamos terminado de aprender...

Todas las historias tienen un «Érase una vez...» y tú llevas en los ojos pintados todas tus primeras veces. Y las de tus hijos.

Puede que hayan llegado a este mundo de una forma respetada y natural. Puede que hayas tenido un embarazo, un parto y una lactancia (o varios) ideal, una experiencia única y ferozmente real. Puede que recuerdes aquellos instantes con la emoción de quien revive el mejor momento de su vida. Si es así, enhorabuena.

Pero también puede que tus hijos no hayan venido al mundo de una forma tan ideal. Mis cachorros y yo **sufrimos** tres cesáreas de las que cada día me recupero un poco, y sé que mi proceso de «cura» aún no ha terminado. Así que entiendo cualquier parto «robado», cualquier llegada precipitada.

Ya sea por un motivo de fuerza mayor, fisiológico, patológico, necesario o natural. O por una negligencia.

Puede que no fuera todo como la «teoría», algún blog o la sociedad nos habían dicho que debería de ser nacer. Pero es su inicio. Y el tuyo como madre. Y como padre.

De cada inicio, de cada nacimiento de cada hijo, tú también has tenido tu propio renacer.

Tú no eras la misma persona ni estabas en el mismo momento. Por eso no eres primeriza una sola vez si tienes más de un hijo. Por eso cada uno de tus hijos es «tan diferente».

«¿Cómo puede ser que sean tan distintos si hemos hecho lo mismo?» No, no han tenido los mismos padres. Porque nunca dejamos de cambiar de mirada y de piel. Parece una obviedad, pero no se hace nunca nada igual que la primera vez. Mi abuela decía que el primogénito es un experimento. Y yo estoy muy de acuerdo. Porque caminar por la vida es coleccionar pasos. Todos van quedando atrás, pero sin cada uno de ellos, no podríamos llegar a este preciso momento.

A veces nos enfocamos demasiado en la meta, en llegar sin saber adónde vamos, y por este afán de vivir en un lugar en el tiempo que aún no existe, nos olvidamos del propio camino, de vivir cada latido con atención plena de dentro afuera, que es lo que verdaderamente nos está dando toda la información.

Pero prestemos atención o no, cada paso en este recorrido sirve para aportarnos fortalezas en el próximo. Podemos simplemente querer llegar, sin desviarnos, con prisa por alcanzar un objetivo que nos marcamos siendo la persona que éramos ayer... o podemos pararnos, dar tres pasos atrás, algún rodeo y algún salto, tomar aire y reanudar cuando estemos preparadas.

Es un camino que no va a terminar nunca, y las reglas las ponemos nosotras. Eso es consciencia. Dejar de ver la vida como una carrera, como un plan perfecto y sin fisuras, y disfrutar del paseo, de la mano de nuestros hijos.

Por eso, si el inicio no ha sido fácil, tendremos que hablarlo. Tendremos que poner sobre la mesa todo aquello que, seguramente, la prioridad de «poder con todo» nos hizo callar en su día. La desconexión con nuestro propio proceso de aprendizaje en aquellos días seguramente fue abrumadora. Esa es la palabra.

Si sigues dándole muchas vueltas a cómo fue o cómo no fue tu parto; si es un tema recurrente en tus conversaciones; si te has sentido desde aquel momento en un estado de alerta constante, fuera de lo normal; si has tenido pesadillas que no cesan; o si, por el contrario, recordarlo te causa dolor pero siempre intentas evitar el tema por encima de todo y «negarte» siquiera a pensar en ello, quizá, solo quizá, sería bueno que pidieras ayuda.

Muchas mujeres sufrimos **estrés postraumático** en alguno de nuestros partos. Y no es culpa nuestra. A lo mejor tampoco es culpa de los médicos que te atendieron. Simplemente la situación te superó. Porque las personas sentimos, y en las situaciones en las que nos desborda el miedo, cuando el pánico se enquista, hay que pedir ayuda. Y está bien hacerlo.

También puede ser que no hayas pasado por algo excesivamente traumático, ni en tu embarazo, parto o puerperio, pero quizá sí te sentiste sola. Quizá pudiste con todo y nadie se dio cuenta de que, aunque tú te manejabas entre niños, casa y trabajo a las mil maravillas, quizá necesitabas un abrazo de vez en cuando. Un «¿Estás bien?» por las mañanas.

Porque estamos atrozmente solas. Nadie debería de afrontar sola (física y emocionalmente) algo tan trascendente y brutal como la maternidad. Pero sucede. Ya casi no queda sentido de comunidad. Y si, además, desgraciadamente ha sido doloroso o incluso traumático, puede que hoy por hoy, aunque hayan transcurrido varios años y tú hayas aprendido a vivir con esa «herida», te esté pasando factura tanto física como emocionalmente. Y quizá, a lo peor, ni te hayas dado cuenta.

Porque la sociedad no contempla ni la más remota posibilidad de que una mujer tenga el derecho de no poder seguir. Y seguimos. Pilotando. Muchas veces… con las alas rotas.

Pero ¿sabes qué?

Que vas a levantarte, a mirarte un ratito en el espejo y, si hace falta, vas reconciliarte con todos tus inicios. Vas a ser capaz de transformar cualquier pensamiento o recuerdo en la energía que necesitas para pedir, precisamente, lo que necesitas. Vas a recordar que no podemos cambiar lo que ya nos ha trascendido. Pero podemos elegir entre sufrirlo o soltarlo, dejarlo salir y aprenderlo. Nadie puede escoger del todo su principio, pero con un poco de épica, todos podemos transformar aquella tragedia en una de heroínas, aventuras y héroes.

Porque la maternidad, a veces, confunde y te hace sentir menos. Menos que esa chica que pinta o esa que baila, aquella que ha ganado un premio o fulanita, la de la portada, o la que levantó una empresa en dos años. Y tú, ahí… manchada de papilla, despeinada, sintiéndote totalmente improductiva, con todo por hacer y ganas de llorar de agotamiento. Te olvidas por unos segundos de lo realmente importante: todo, absolutamente todo puede fallar, pero esos niños te han escogido como madre en el Universo de los niños por nacer y eso es más inmenso que cualquier otra cosa. No hay nada tan intenso, agotador y maravilloso como el «trabajo» de sacar adelante una o varias vidas en crecimiento. Nada se le puede comparar. Sabes que va a ser 24/7, para siempre. Y eso no debería hacer que te sintieras «menos».

Deberías de sentirte eterna. Lo que haces es valioso. Repítetelo todos los días. Mucho más que ninguna otra cosa. Generosidad y entrega al mil por cien. Ya habrá tiempo de pintar, escribir, bailar o «triunfar»… ahora estás siendo refugio y guía. ¡Qué mejor premio! ¡Qué mayor mérito!

Así que escúchate, conócete, recíbete cada día con una fiesta de bienvenida. Cuídate, encárgate de **ser** con toda tu inmensidad para poder volver a escuchar todos tus «sensamientos».

Todas tenemos una fiera en nuestro interior, y está bien. Yo cada día saludo a la mía, le doy las gracias por la fuerza que me da y le doy de comer mucha comprensión, compasión y amor incondicional. Me ha costado treinta y siete años entenderla, aceptarla, quererla y aprender a cuidarla, y sé que me va a llevar toda la vida conseguirlo como las dos nos merecemos. En equilibrio. Y mientras, cada día, enseño a mis hijos a conocer, aceptar y cuidar a sus pequeñas fieras.

Ayer E dejó a la suya suelta, y yo la vi. Vi esa fuerza pidiendo justicia, exigiendo ser vista y escuchada. Desbordada por haber tenido que contenerla un día demasiado largo.

¿Qué puedes hacer en ese momento?, enseñar cómo domarla dándole lo que necesita para sentirse segura. Cuando a nuestras hijas se les escapa su fiera, cuando su maravillosa naturaleza en crecimiento se desborda, no es momento de enseñar modales o protocolos, es momento de sacar la comprensión y compasión que «la fiera» necesita para ser aliada y no amenaza. En ese momento enseñamos la incondicionalidad que necesitan sentir para aceptarse ahora, para conocerse y crecer después.

Ese es el «alimento» sano para que su fiera aporte fuerza y no la absorba. Para que sea un apoyo en su camino, no un obstáculo de cara a su relación consigo misma y con los demás.

Me siento muy feliz por ella, porque ahora, mientras ruge en su mirada, pide abrazos aunque esté superenfadada. Se sabe vulnerable e invencible a partes iguales. Ole, mi reina.

6

Educar desde el miedo

Yo tengo un superpoder. Yo tengo un radar para el miedo. Sé cuándo alguien hace o dice algo sintiéndose pequeño.

Noto cómo las palabras y las miradas me llegan desde detrás de un cristal. Quiero tocar y no llego.

Y también noto cuando alguien es libre y me abruma con la vida que se deja vivir, hablando, sintiendo y vibrando como si en vez de saludarte, estuviera a punto de enseñarte un paso de baile.

Cuántas veces al día actuamos con miedo y por miedo a que pase algo, a que no pase nada, a que se cumpla un temor inventado, a que nos suceda lo mismo que a fulanito, a equivocarnos, a no parecer perfectos a los ojos de los demás, a esa situación o persona que no podemos predecir, a ese lugar en el que no fuimos felices, o a temores ficticios por dudas inoculadas para que sigamos dormidos.

Cuántas veces, frente a tus hijos o demás seres queridos, tomas decisiones basadas en el miedo, para evitar un peligro irracionalmente ridículo e improbable, para controlar lo incontrolable o para pretender dibujar una realidad que solo está en tu cabeza.

Cuántas veces los padres actúan sobreprotegiendo a sus hijos, privándoles de experiencias que les aporten herramientas para lidiar con un futuro que entraña situaciones de riesgo. Es decir, que al querer protegerlos, los dejan indefensos.

Cuántas veces nos presentamos a una cita con alguien con la conversación planeada y ensayada, maquillados con nuestra coraza «anti-loquepuedapasar», y luego no pasa nada, o peor, nosotros mismos creamos el escenario perfecto para que nuestra pesadilla se haga real.

Cuántas veces tememos la reacción de alguien, y es exactamente la actitud que adoptamos la que causa esa reacción temida.

Cuántas veces empujamos a nuestros hijos a hacer justo lo que no queríamos, por insistir en prohibir algo que ni siquiera se habían planteado

Cuántas veces destrozamos la confianza en la que deberían basar su seguridad por **vivir** con miedo.

Nuestros hijos necesitan sentir que los adultos a su alrededor les ofrecen calma y estabilidad.

Cuando en una familia se debate, planea y prepara logísticamente la primera vez que su hija o su hijo va a probar un sólido, cuando se le ofrece con una mano un trocito minúsculo de algo y con la otra sujetamos los «Se va a atragantar», «No le va a gustar», «No está preparado», «Ya verás como no lo tritura y se le va por el otro lado»... y en vez de disfrutar de sus caritas experimentando una textura nueva, un nuevo comienzo, lo sufrimos en posición de alerta con el 112 marcado «por si acaso» (es verídico, no exagero)... la vida y todas sus primeras veces se convierten en una pesadilla. Y luego nos extrañamos porque «Mi hijo no me come»...

Cuando seamos capaces de entender que el miedo es una ventaja, que nos ayuda a protegernos de peligros reales, y que su finalidad no es dominar todas y cada una de nuestras decisiones, podremos sentirnos mucho más liberados. Empezaremos a vivir.

No es un filtro para utilizar siempre, sino que debería ser un pilotito rojo de alarma que salte solo **cuando algo va mal**; es decir, si trabajamos el miedo a favor, este nos salva, si no, **nos mata** en vida.

Tenemos miedo a hablar en público, a que nuestros hijos empiecen el cole o a que se caigan en el parque, pero dejamos pasar situaciones realmente peligrosas, como son, por ejemplo, estar constante y antinaturalmente alerta. Tenemos al miedo totalmente confundido.

Educar a nuestros hijos es algo «aterrador» si lo miramos desde un prisma de **pre**-ocupación de color blanco y negro: todo puede salir bien o mal, soy buena o mala madre, sabré o no sabré educar...

La primera clave es dejar de anticiparlo todo para intentar controlarlo (¡es imposible!), y la segunda es asumir que eres madre/padre por primera vez (sí, siempre es la primera, aunque tengas tres, porque los tres son diferentes y tú no eres la misma persona), por lo que es muy probable que si tenías un plan, quizá no salga como «esperabas». Y es perfecto. Es genial.

Porque si utilizas la palabra mágica, todo empieza a cambiar. Desde las contracturas de tu cuello hasta tu expresión facial. Los conflictos, imprevistos o momentos de caos ya no son motivo de taquicardia sino, sorprendentemente, de carcajada... de revelación.

Confío

Confío en que todo va a salir bien, en que nada realmente malo va a pasar, porque sabré enfrentarme a lo que venga si estoy receptiva y en calma. Confío en que con todo el amor que nos tenemos mutuamente y con una actitud de aceptación, confianza y voluntad de crecer juntos, los días van a ser mucho más ligeros. Reiremos más, dormiremos todos mejor. Y si pasa algo malo sabremos actuar, porque vivir confiando no es tener una actitud irresponsable ante la vida, sino utilizar de forma correcta los recursos que tenemos para mantenernos **a salvo**. Si necesitamos que el miedo nos ayude, saldrá, nos protegerá sin dominarnos. En forma de intuición, de prevención responsable y cabal, o de reacción inmediata ante un posible daño **real**. Confiar es aceptar que incluso cuando lo malo pasa, es para algo, para sacar fuerzas y aprendizaje. Para ayudarnos a confiar aún más. Porque todo lo que temes, lo creas tú misma. Si temes educar hijos «desobedientes», serás más estricta, y ellos se rebelarán.

Si temes que tus hijos te reten, adoptarás una posición de autoridad, haciendo más patente que lo que más importa es estar por encima, y tus hijos te retarán aún más.

Si temes a las mentiras, controlarás más, y ellos se sentirán más invadidos en su intimidad (hablamos de preadolescentes y adolescentes), por lo que te mentirán más porque no habrá confianza, solo temerán tus reacciones. Si temes que en tu casa haya mal ambiente, vivirás con una actitud forzada en la que todo ha de ser perfecto, y tu familia no te tomará en serio, les estresarás. Es imposible que en una familia no haya roces, y en tensión, aparecerán muchos más.

Si temes las peleas, intervendrás cada vez que discutan, querrás evitarlas, pero con tu actitud de juez/policía no harás sino aumentar el enfrentamiento (tu idea de la justicia no es su idea de la justicia), y encima les estarás privando de aprender a solucionar sus problemas por sí mismos.

Tendrás niños que lo solucionan todo a mamporros o que necesitan que un adulto intervenga siempre. Agotador.

Si temes que «se haga daño» por seguir «haciendo el tonto» (balancearse en la silla, saltar desde el sofá, correr escaleras abajo) y no paras de repetir «¡¡¡Cuidado con eso!!!», estarás ofreciendo toda tu atención a una actitud que se podría extinguir de otra forma y, al final, se caerá y tú dirás el típico: **«¿Ves?, ¡si ya te lo estaba diciendo yo!»**.

No dibujes tu vida desde la anticipación y el miedo, todo lo contrario, trabaja para sembrar lo que **sí quieres** desde la confianza y tendrás muchos más resultados.

Establecer un plan partiendo de la base de que tener hijos no es fácil, que pasaremos por etapas que nos superarán a veces, pero que terminaremos salvándolas, es fundamental para no perderse. Para mantenernos firmes en los momentos **realmente** peligrosos. Pero de ahí a vivir cada día como si todo fuera una catástrofe... hay un abismo.

Los niños necesitan **seguridad** para crecer emocionalmente estables, y si los adultos que los educan viven atemorizados, su desarrollo estará marcado por el estrés. «Mamá y papá están nerviosos, algo horrible debe de estar pasando», sentirán.

Ante cualquier situación nueva, revisa si las decisiones que tomas son desde el miedo o desde la confianza. De un modo u otro, no estará todo perfecto, pero serás libre y tus hijos crecerán más seguros. Sorprendentemente, tener miedo no les va a proteger más, sino todo lo contrario.

Permíteme insistir: **todo lo que temes, lo creas tú misma; así que confía...** Para todo, porque el miedo mal entendido es el ancla que te impide llegar más allá de ti misma. **Confía.**

Y dicho esto, ¿sabes qué?

Que todos vamos a estar mal y a sentir miedo alguna vez. Somos seres sensibles y emocionales, no siempre todo lo racionales que quisiéramos, con un pasado de percepciones y aprendizajes que traemos inevitablemente en nuestras mochilas.

Todos hemos ido haciendo un equipaje con lo que creímos que nos resultaría útil para el camino, y en ese kit de supervivencia, hemos metido un elemento esencial para sobreponernos a nuestros momentos de miedo. A esas situaciones que nos ponen entre la espada y la pared, que nos llevan al límite y nos obligan a buscar en el fondo de la mochila, a buscar ese último recurso que guardábamos para casos de máxima emergencia.

A veces educamos, amamos, trabajamos y vivimos con miedo. Utilizando ese balón de oxígeno que metimos en la mochila de niños y creímos que iba a salvarnos la vida en todo momento, cuando, en realidad, lo que se respira desde el temor nos marea, nos nubla, nos intoxica.

Y ¿sabes adónde van nuestros temores? A recordarte siempre aquellos momentos en los que sentiste que no te estaban teniendo en cuenta. A traerte de vuelta sensaciones de soledad, porque eso es exactamente lo que te dibuja en la cara el miedo: la falta de pertenencia.

¿Quieres conocerte un poco más?

El ser humano tiene como temor más visceral el miedo a la muerte. Todos tenemos muchas inseguridades que nos bloquean, pero la idea de morirnos es lo que más nos aterra. Debido a experiencias de la infancia, que no tuvieron por qué ser traumáticas, pero sí relevantes para nosotros por habernos hecho sentir ciertas carencias, decidimos cuál sería la mejor forma de sobrevivir a los peligros, a los peores miedos, y de ahí se extraen los cuatro perfiles de personalidad en los que se basa la psicología individual y que explican nuestra forma de actuar:

- Puede que hayas decidido de niña que necesitabas **reconocimiento,** que había alguien inalcanzable a tu alrededor que te hacía sentir **insignificante** porque te transmitía la idea de que todo podía ser más y mejor, y metiste en la mochila mucha **superioridad,** mucho afán de ser una versión mejor de ti misma, de no fallar. Eso te ha llevado lejos en la vida. Te gustan las cosas bien hechas, superarte y motivar a los demás. Necesitas belleza, te encanta encontrar el sentido a todo y compartirlo. Puede que hayas aprendido habilidades que te hayan hecho sacar ventaja de esa necesidad de **superación**. Pero cuando sientes miedo, esa **superioridad** se vuelve en tu contra, y tratas desesperadamente de dominar y de mostrarte infalible y capaz, de superar siempre a los demás; como si fueras un **león** preocupado por mantener tu lugar en la manada. Te sobrecargas, y haces que los demás se sientan pequeños.

Cuando tienes miedo, para evitar sentirte inferior, te pones una coraza irreal de perfección que solo consigue hacerte sentir agotada y sola. Cuando estás bien, actúas buscando superarte. Cuando estás mal, tu último recurso es buscar superioridad.

- Puede que de niña te hayas sentido **rechazada,** que te hayas percibido diferente o apartada, que realmente hacías todo lo posible por encajar, pero eras invisible porque tenías la sensación de no alcanzar las exigencias del entorno, no llegabas, así que, a fin de compensarlo, metiste en la mochila un montón de recursos para gustar mucho a los demás, para estar siempre disponible y decir que sí a todo, aunque a veces quisieras decir que no. Decidiste que tu manera de encajar era **complacer** a los demás. Y eso te ha convertido en una persona servicial y muy generosa, con mucha empatía, puesto que estudias a la gente, te encanta conocerla para poder darte de corazón. Eres una persona voluntariosa y siempre estás dispuesta a ayudar. Pero cuando tienes miedo, esa **complacencia** se vuelve en tu contra y, por sentirte **aceptada**, por hacer todo lo posible por gustar a todo el mundo, a veces sientes que no sabes quién eres. Pierdes tu identidad, como ese **camaleón** que puede cambiar la piel y mostrar los colores más vibrantes, adaptarse a cualquier entorno, pero nadie sabe realmente cuál es su verdadera imagen, y por estar tan dispuesto a ser lo que se espera de él... se vuelve invisible. Al educar desde esa necesidad de que todo el mundo esté siempre contento contigo, puedes acabar creando mucha confusión e inseguridad. No es posible confiar en alguien a quien no conoces.

Cuando estás bien, actúas buscando conectarte desde la generosidad. Cuando estás mal, tu último recurso es hacer lo que sea por no sentirte apartada.

- Puede que en tu infancia te hayas sentido demasiado **controlada**, que hayas vivido situaciones que te resultaron complicadas o conflictivas y te hicieron sentirte **incapaz**, con ganas de escapar porque desconfiabas de la autoridad, quizá hubo vergüenza nacida de críticas recibidas, así que metiste en tu mochila un bonito y duro caparazón en el que refugiarte cuando las cosas se ponen intensas. Decidiste, desde tu sensibilidad, y también desde tu fuerza, que necesitabas **evitar** las dificultades, que en lugar de hacerles frente, buscarías un lugar de **seguridad**. Esta herramienta te ha traído mucha paz, te ha permitido ir a tu ritmo y tomar tus decisiones desde las experiencias y no desde la impulsividad. Puede que seas una persona muy querida porque transmites calma y también una especie de sabiduría ancestral, como esa alma vieja que ha vivido muchas dificultades, que parece acumular consejos y darlos cuando más se necesitan. Pero en cuanto sientes miedo, te aíslas del mundo y te escondes ante cualquier complicación, y eso a veces te hace sentirte decepcionada contigo misma, te quejas de que tu vida no avanza, pero no eres capaz de ver que al mínimo roce, al mínimo atisbo de cambio o intensidad emocional, te alejas. Te escondes como una **tortuga** en su refugio. Frenas. A la hora de educar, puede causar rabia o indefensión esa lejanía, esa falta de conexión cuando más se te necesita; cuando todo se vuelve complicado, puede hacer sentir a los demás que te estorban, o que no estás para ellos.

Cuando estás bien, actúas desde la reflexión y la paz. Cuando estás mal, tu último recurso es huir, **evitar**.

- Puede que de niña te hayas sentido demasiado **impotente** algunas veces. Puede que algo o alguien a tu alrededor no te dejase decidir o llevar las riendas de tus pequeñas cosas, o que notaras ineficacia por parte de los adultos de tu entorno. Puede que sintieras mucha curiosidad y tuvieras una visión superior que te permitía captar cosas que otros no percibían. Así que metiste en tu mochila mucho **control**, muchos recursos para saber en todo momento lo que sucede a tu alrededor y así poder **influir** en todo lo que te rodea. Vivir con esas capacidades ha hecho de ti una persona muy ordenada, centrada, con un autocontrol envidiable, las ideas tremendamente claras y una curiosidad y una inigualable capacidad de sembrar **orden** en el caos. Puede que siempre tengas algo que aportar en cada situación. Pero cuando tienes miedo, vuelcas en los demás esa necesidad de control, sobrevuelas como un **águila** para asegurarte de que todo cuanto sucede pase a través de ti, y poder opinar acerca de todo. A la hora de educar, puedes causar mucho **estrés** en los demás, sensaciones de asfixia, y generar mucho descontrol, porque los otros estarán intentando evitar esa sensación de presión y no podrás supervisarlo todo.

Cuando estás bien, actúas buscando un equilibrio en todo. Cuando estás mal, tu último recurso es **controlar** lo que te rodea.

Todos tenemos una prioridad de vida basada en evitar nuestros mayores miedos, y estos nos hacen sentir, de una forma u otra, desconexión. Ese último recurso (superación, complacencia, evitación y control) es nuestra varita mágica, nuestra mayor fortaleza cuando actuamos desde la estabilidad, en nuestros buenos momentos, y nuestra «kriptonita» cuando lo hacemos desde el miedo.

Puede que tu historia de vida encaje en un perfil determinado, o puede que aunque todos tengamos un «perfil raíz», por llamarlo de alguna manera, te sientas identificada con varios de ellos. Quizá las experiencias de vida que has atravesado te hayan aportado habilidades extra y, debido a las situaciones que hayas tenido que superar, puedas beneficiarte de las habilidades positivas de varios perfiles por el hecho de haber tenido oportunidad de practicarlos.

Kristian Orozco me transmitió estas enseñanzas no hace mucho, y desde que soy consciente de mis prioridades, de lo que yo sentí que era lo más importante en mi niñez, he aprendido a usarlo como un motor de autoconocimiento, y, sobre todo, como una fuente inagotable de compasión. Hacia mí misma, hacia las personas que me han hecho más grande haciéndome sentir pequeña y hacia mis hijos, que ahora mismo me sienten, me escuchan y me leen mientras me enfrento a mi camino.

¿Por qué te cuento todo esto? Para que descubras cómo actúas tú cuando te sientes libre y cómo lo haces cuando sientes miedo. Para que no vuelvas a quedarte anclada en un «Yo soy así» y puedas descubrirte en tu totalidad. Y decidir. Para avanzar. Para darte a ellos.

Porque de nosotros depende ahora vaciar la mochila y dedicarnos a explorar poquito a poco su contenido. Con el espíritu de conquista de quien recupera un tesoro perdido, no de juicio o de culpa. No de más miedos.

Porque vamos a entender, aceptar y reciclar… porque todo aquello que guardamos, desde los cuentos favoritos a los recuerdos de pesadillas sin dormir, están ahí **para algo**. Están en ti para ayudarte, como tú decidas, a ser feliz.

Nuestros hijos se están haciendo ahora mismo su kit de supervivencia, están tomando decisiones muy grandes sobre prioridades que a lo mejor tú crees pequeñitas, pero realmente lo serán todo para ellos en el futuro.

Puedo cometer mil errores como madre, pero sé que voy a dar lo mejor de mí para que mis hijos aprendan a usar su miedo, que entiendan para qué sirve y no se dejen engañar por él.

Porque el miedo es como un catalejo al revés, la lente está en ti pero el mundo de ahí fuera es inmenso, lleno de cosas que ni sabes que no sabes. Cuando miras al mundo con miedo, crees que eres pequeño, te comparas con lo que aún no entiendes, con lo que no puedes, con lo que deberías y con lo que quieres pero aún no sabes cómo conseguirlo, y en lugar de ganas, te crece el fracaso. Te olvidas de que tú eres y tienes todo lo inmenso del Universo.

He sentido tanto miedo algunas veces que puedo prometerte que te entiendo; he sufrido el bloqueo y la desesperación de sus garras en muchas ocasiones. He vivido ataques de pánico con sus noches de insomnio, con esas lágrimas que se te escapan cuando te sientes ínfima y sola. Sé lo que es el miedo en todas sus formas y sé cómo miente, cómo anula y cómo te secuestra hasta los recuerdos. Pero ¿sabes qué? Que tienes todo el amor del mundo para combatirlo, y su punto débil es tu antídoto. Repite cada día, muchas veces, la palabra más bonita del mundo: **gracias**.

El agradecimiento es el estado emocional, mental y espiritual más potente. Es paz. Es el lugar donde me gustaría que vivieran para siempre mis hijos, me gustaría no borrárselo nunca de la mirada, porque estoy convencida de que esa forma que tienen los niños de maravillarse por la vida, de recibir cada pequeña novedad con ilusión desbordante, no es más que un alma llena de agradecimiento. Vacía de miedos.

7

¿Qué son los malos comportamientos?

Portarse mal es como irse lejos. Vete a buscarlos. Tráelos de vuelta, y llénate de recursos nuevos durante el regreso. Porque esa es la razón, el único motivo por el que a veces todos nos perdemos, para poder volver un poco menos rotos. Más completos.

Vamos a seguir avanzando y comprender todavía mejor qué es ser niño y qué significa «portarse mal». Vamos a romper un pilar fundamental sobre el que hasta ahora se asentaba gran parte del peso de tus decisiones a la hora de educar a tus hijos. Aprenderemos a mirarles mucho más allá de lo que hacen. Pero antes quiero proponerte unas reflexiones: ¿Qué es para ti «portarse mal»? ¿Qué es «portarse bien»?

Suelo hacer estas preguntas en mis sesiones formativas y las respuestas no son muy variadas. Generalmente, para la mayor parte de los adultos, «portarse mal» es simplemente **desobedecer**. Mientras que «portarse bien», para muchas familias, tristemente significa: **que me lo pongan fácil**.

Voy a dejarte unos segundos para pensar si tú eres una persona **obediente**. Si te gusta obedecer o que tus hijos sean personas **obedientes** como adultos en el futuro. Si crees que el proceso de desarrollo y crecimiento que una persona atraviesa a lo largo de su vida para adquirir habilidades y madurar, es algo que debería de ser **fácil**.

Sé que me vas a decir que sí, que quieres que aprendan a seguir las normas sociales, y que sería ideal si todo fuera sencillo. Que para adaptarse al mundo es necesario seguir la corriente de lo establecido y no saltarse las reglas. Pero ¿estás realmente segura de eso? ¿Estamos hablando de todas las normas sociales o solo de las que tú consideras que son «buenas»? Y si, llegado el momento, en una situación en que no hubiera normas y tuvieran que tomar decisiones por sí mismos, ¿estarían preparados para hacerlo si les hemos enseñado a obedecer? ¿Y si las normas o convenciones sociales que les toque asumir van a causarles algún perjuicio? ¿Y si obedecer y sus necesidades entran en conflicto?

La obediencia como concepto, ¿sigue pareciéndote algo positivo?

En una situación complicada, ante un mal comportamiento, podemos hacer dos cosas: enseñar alguna habilidad para la vida, extraída como lección de ese momento difícil, o centrarnos en que la situación no se vuelva a repetir y exigir que se nos obedezca la próxima vez. ¿Con cuál de las dos opciones preferirías quedarte?

Pues déjame decirte algo importante: **obedecer** es un concepto que va en contra de la naturaleza humana. **No** hemos sido diseñados para eso. Estamos programados para descubrir, experimentar, dudar, crear y modificar nuestro entorno. Transformarlo para buscar nuestro beneficio. Por eso es tan difícil que nuestros hijos nos obedezcan sin más. Su naturaleza les empuja a resistir imposiciones.

El ser humano necesita tomar decisiones y equivocarse para crecer, y para ello necesita cooperar.

Entendemos desde muy pronto cómo nos beneficia aprender de los demás y colaborar, pero ser sumisos no entra en el esquema.

Y lo más importante: las crisis, los momentos difíciles y los atolladeros de los que tendremos que aprender a salir, son los que realmente nos enseñan las cosas importantes de la vida.

Por todos estos motivos, la educación consciente no va de obedecer. El cambio hacia la conexión con nuestros hijos es la complicación más bonita en la que vamos a vernos envueltos, y la que nos permitirá ayudarlos a construir una relación estable y segura con el mundo que les rodea.

No necesitamos que nos obedezcan, necesitamos que confíen en nosotras.

> —Cuando luché con tus gigantes blindados —continuó Bastián—, vi que son solo una armadura y están huecos por dentro. ¿Cómo se mueven?
>
> —Por mi voluntad —contestó Xayide sonriendo—. Precisamente porque están vacíos, la obedecen. Todo lo que está vacío puede mi voluntad gobernarlo.
>
> MICHAEL ENDE, *La historia interminable*

Vuelvo a hacerte la pregunta de otra manera. ¿Quieres aportarles herramientas para aprender a adaptarse de forma equilibrada a las normas sociales y así convivir y tener un propósito en la vida, o quieres enseñarles a **obedecer**? ¿Quieres que aprendan a seguir instrucciones sin cuestionarlas, o a pensar qué es lo que ellos quieren o necesitan de una situación? ¿Estás dispuesta a negarles la oportunidad de gestionar, aprender y responsabilizarse de las consecuencias de sus decisiones? Estoy segura de que no. El inconveniente es que pocas veces nos planteamos qué y cómo aprenden los niños. La vida a veces nos envuelve en la trampa de lo automático, de la gestión de la educación como un «Vamos a salvar el día» y poco más.

Hemos sido educados en una metodología que persigue conductas visibles «adecuadas», sin tener en cuenta las necesidades de pertenencia, significancia o apego que el ser humano persigue para sentirse a gusto en grupo y, por tanto, aprender y adoptar comportamientos adaptativos y equilibrados.

Las herramientas con las que fuimos educados, ignoran las motivaciones de nuestras conductas, las carencias emocionales que revuelven a los niños y los mueven a buscarlas, mostrando esos comportamientos tan molestos y poco fáciles para los adultos.

Nos quedamos en la superficie, cuando realmente es en el fondo donde podemos educar para la vida. Donde no se ve a simple vista es donde hay que trabajar la educación. Parece una labor difícil y a ciegas, pero yo quiero contarte cómo podemos entender mucho mejor qué necesidades y qué motivaciones son las que provocan ciertos comportamientos en tus hijos. Quiero contarte un secreto que aprendí cuando dejé de intentar que mis hijos se «portasen bien».

Los malos comportamientos no existen. Los malos comportamientos son, realmente, ese manual de instrucciones del que todo el mundo habla y nadie encuentra. Lo teníamos frente a nuestras narices, y no lográbamos verlo.

Los niños son expertos en empatía, porque saben hacernos sentir lo que necesitan que nosotros experimentemos para conectarnos con ellos, para que podamos «leerles». Hablan el idioma de las emociones a la perfección, sin filtros, y saben cómo llevarnos de forma precisa al punto en el que podríamos entenderles… si no hubiéramos olvidado cómo se traducen sus conductas en avisos, en peticiones de auxilio.

¿Cómo te sienten tus hijos? ¿Qué hilos te tocan por dentro?

Te están buscando en lo más profundo de tu ser. Y nos quedábamos en la superficie, en lo que se ve. Vete a lo que se dice desde la piel y con miradas de socorro. Y ya nunca más verás malos comportamientos. Vas a eliminar en tus hijos de manera inmediata y para siempre hasta la última sombra de ellos… si soy capaz de convencerte de que somos los adultos los que no estamos entendiendo qué es realmente una mala conducta.

¿Sabes cómo hacerlo? No mires los comportamientos inadecuados desde un posicionamiento vertical que te hace recibirlos como una ofensa a ti o una complicación en tu día. No los mires desde arriba.

Vamos a traducirlos en señales de crecimiento y vamos a dejar de juzgarnos y agobiarnos por ellos, porque vamos a entender que es ahora cuando deben surgir.

«Mis hijos se equivocan ahora.»

Es algo que digo con mucho orgullo en el parque o en cualquier situación en la que ellos se comportan como niños. Porque tengo la plena convicción de que, si ahora pueden equivocarse y aprender de sus malas decisiones, a medida que pase el tiempo y ganen en experiencias, sus elecciones y comportamientos serán más acertados, productivos y útiles.

Prefiero que tomen malas decisiones ahora, cuando ellos y sus errores aún son pequeños. Porque me hablan de esas capacidades que juntos vamos a transformar en habilidades. Porque la infancia es el campo de juego de la vida, y jugando, tropezando y levantándonos de nuevo, se entiende el mundo.

Siempre que en casa surge un conflicto o alguien comete un error, les pregunto ¿Qué podemos aprender de esto? o ¿Para qué nos va a servir este momento?

Vamos a aprender a agradecer sus malos momentos como el humo que nos dice que en algún lugar del bosque hay fuego. Como la señal que te avisa, que te activa para que te pongas en movimiento y busques el origen de ese incendio inminente... porque, si le pones remedio a tiempo, vas a poder salvar la situación.

Vamos a aprender a ver las malas conductas como oportunidades para revisar qué y cómo están entendiendo la vida nuestros hijos. Como la fiebre que te dice que hay infección y te salva la vida. Vamos a ganar en conexión y a ir dejando, poco a poco, la «ceguera». Todo va a fluir mejor.

Porque detrás de esos berrinches, esas malas contestaciones, ese portazo o ese «No me da la gana», hay mucho amor perdido que se nos escapa en el nombre del «**Ahora**» y del «**Porque lo digo yo**».

Justo debajo de ese «Mamá, te odio» o esa sordera selectiva con la que te ignora, se esconden todas las oportunidades de demostrarle y demostrarte incondicionalidad, que, al fin y al cabo, es el secreto del éxito.

¿Cómo podemos mirarlo todo desde esta perspectiva tan simple y bonita? ¿Cómo se educa enseñando habilidades y poniendo límites de manera respetuosa, de una forma mucho más efectiva?

Basándonos en los trabajos de la psicología individual o adleriana y en los trabajos de Jane Nelsen y Lynn Lott, podemos diferenciar entre dos grandes tipos de «malos comportamientos»:

1. El «mal comportamiento» derivado de la falta de experiencia

«¡¡¡No se tira!!! ¡¡¡Te lo he dicho mil veces!!!»

En una ocasión, estando en la fila para pagar en la caja de un centro comercial, observé una escena muy familiar.

Un niño de año y medio, sentado en el carrito metálico de la compra, se entretenía con un cochecito de juguete. En un momento dado, comenzó a tirarlo al suelo. La madre lo recogía y le decía que si volvía a tirarlo, se lo quitaría. El niño ni miraba a su madre. Estaba ultraconcentrado en la trayectoria de su coche y en cómo chocaba contra el suelo y rebotaba cada vez en un sitio distinto.

Ese niño estaba experimentando, aprendiendo física. Los niños pequeños son científicos investigadores cuyo principal propósito en la vida no es desmontar una habitación, enterrar el mando de la tele en una maceta o hacer flotar en el váter las llaves del coche.

En esa fase están aprendiendo sobre profundidad, sobre texturas, sobre sonidos… Su propósito es integrar los estímulos que les rodean para crear su realidad. Ese niño no estaba toreando a su madre. En principio, no buscaba su atención. Que tus hijos hagan o estén haciendo eso, aunque es muy agotador para nosotros, es sanísimo para ellos.

La actitud del niño, que era reflejo de su necesidad de descubrir la vida, estaba siendo catalogada como «mal comportamiento», y era objeto de recriminación. De una forma nada efectiva, porque el niño no entiende aún ese tipo de condicionante y la madre, al contradecirse (amenaza no cumplida), le puede estar transmitiendo mensajes de inseguridad o falta de respeto.

Este tipo de mal comportamiento no se puede «evitar», de hecho es necesario, pero se puede enseñar lo que sí es correcto, lo que sí se puede lanzar, romper o espachurrar, darle alternativas con las que pueda experimentar y acondicionar los entornos para que sean estimulantes pero no peligrosos, siempre teniendo en cuenta que necesitan empaparse de la realidad para crecer, no de un mundo acolchado y artificial.

«¡¡¡No puedo creer que te hayas olvidado el abrigo otra vez!!!»

También cuenta la poca habilidad del niño por inmadurez, que muchas veces deriva de su falta de atención en las cosas que son importantes para los adultos. Situaciones que no son prioritarias para ellos pero sí para nosotros, o situaciones y habilidades que, simplemente, aún no han dominado. Me refiero a sus formas de «recoger», su capacidad para olvidarse prendas de ropa en el colegio, las veces que tiran un vaso de agua por no fijarse y hacer cuatro cosas a la vez, etc. Son ese tipo de conductas, no conscientes por su parte, que denotan una falta de atención, interés y práctica.

¿Qué sucede en esos momentos? Que pueden ser la oportunidad para construir capacidad, o destruirla por completo, afectando así a su autoestima. Este tipo de comportamientos son meros errores. Si les ayudamos a «practicar» sin humillar, sin sermonear, sin mostrarnos desesperados, no los percibirán como fracasos, sino como una parte más del aprendizaje de las cosas. No se trata de tener paciencia, sino de mirar con confianza.

Existen también momentos en los que nuestros hijos muestran un comportamiento desorganizado, están demasiado irascibles o irritados sin motivo aparente. En muchas de esas ocasiones existe un condicionante fisiológico que origina esas situaciones. Están cansados, tienen hambre o están «incubando» alguna enfermedad. No saben expresar esa incomodidad o reflejarla de manera socialmente adecuada. Les desborda. Si ponemos remedio a esas necesidades fisiológicas, su malestar remitirá y eso se reflejará en su comportamiento.

2. ¿Cómo buscamos y sentimos la pertenencia y la significancia?

Hemos hablado ya de estos dos pilares para nuestro equilibrio, pero ahora vamos a ver cómo podemos entenderlos mejor y valernos de ellos para educar desde la responsabilidad y el respeto. Voy a ponerte cuatro ejemplos:

- Imagina que estás en una tienda y necesitas adquirir algún producto. Además, necesitas una factura, por lo que a la persona que está a cargo de la tienda le indicas con un gesto que deseas pagar. Esa persona te mira pero sigue haciendo otra cosa. Sabe que necesitas su ayuda pero no te hace caso. Tú insistes de forma educada y vuelves a indicarle que te gustaría pagar. Esta persona repite su conducta. No te hace caso. Lo intentas un par de veces más y esta persona continúa ignorándote.

- ¿Cómo te sentirías? ¿Qué pensarías sobre esa persona y su conducta? ¿Qué estarías dispuesta a hacer para conseguir tu propósito?

- Ahora imagina que tu compañera de trabajo, que tiene las mismas obligaciones y rango que tú, te dice que hoy vas a hacer exactamente lo que ella te diga, que no puedes salir al descanso porque no le viene bien a ella y, cada vez que intentas protestar, te increpa, con mucha superioridad y prepotencia, y te replica que ella es la que está hablando y que debes hacer lo que te dice sin rechistar porque ella es la que manda.

- ¿Cómo te sentirías? ¿Qué pensarías de esa situación? ¿Qué decisiones tomarías?

- Llevas veinte años trabajando en una empresa. La has visto crecer y has ayudado desde sus inicios a levantarla. Eres como de la familia y tu jefe te trata como a una hija. Eres la primera en llegar y la última en marcharte cada día. Nunca has llegado tarde ni has faltado, y has demostrado siempre una profesionalidad intachable. Una mañana tu jefe te llama a su despacho y, antes de que puedas sentarte, te informa con dureza y frialdad de que estás despedida.

- «Recoge tus cosas y vete ahora mismo», te dice, sin más explicaciones.

- ¿Cómo te sentirías? ¿Qué cosas se te pasarían por la cabeza en ese momento? ¿Qué decisiones tomarías con esos sentimientos y pensamientos dentro de ti?

- Imagina que estás en una cena con amigas, estáis disfrutando mucho juntas, pero de repente una de ellas, a la que quieres, respetas y admiras especialmente, te corrige cada vez que hablas, te interrumpe y comienza a decir lo poco que le gusta la ropa que te has puesto. Te dice que parece que hay que enseñarte a combinar los colores y que deberías de plantearte cambiar de peinado. Imagina que te humilla tanto que no sabes qué decir.

- ¿Cómo te sentirías? ¿Qué pensarías sobre esa persona y su conducta, o de ti misma? ¿Qué estarías dispuesta a hacer? ¿Qué decisiones te empujaría a tomar esa situación

Quédate con esos cuatro sentimientos. Con lo que te despiertan por dentro. Con lo que te hacen pensar y decidir. ¿Te gustaría experimentarlos a menudo? ¿Te ha sucedido algo parecido alguna vez?

Los cuatro ejemplos que he descrito ilustran carencias en las cuatro necesidades sociales básicas sobre las que se asientan la pertenencia y significancia. Nos pasamos la vida buscando cubrir esas cuatro necesidades, o evitando sufrir carencias en alguna de ellas, utilizando las estrategias que hayamos aprendido en nuestros primeros años de vida.

Para sentirnos seguros y estables, mantener intacta nuestra autoestima y favorecer nuestro crecimiento personal necesitamos:

- Sensación de atención. No se trata de buscar un mero protagonismo, sino de evitar la «invisibilidad».

- Autonomía. Sensación de que podemos decidir. Tener el timón de nuestras propias vidas, no sentirnos dirigidos y obligados. Tener sensación de poder.

Buscamos atención o poder de la forma que mejor nos vaya funcionando. Y, de momento, a nuestros hijos muchas veces les funcionan sus conductas inadecuadas.

Por otro lado, si no se sienten bien, si perciben que en una determinada situación no se les está teniendo en cuenta mientras intentan obtener ese poder o esa atención, van a buscar la proyección de su malestar de dos formas:

- Venganza. Si algo o alguien nos causa dolor, si vivimos lo que para nosotros es una injusticia, buscaremos hacer daño. Proyectar nuestros sentimientos en lugar de compartirlos de forma adaptada y útil. Dañar en proporción a cómo nos duele y conectarnos desde ahí con los demás.

- Ineptitud asumida (rendirse). Si las situaciones que viven, les hacen sentir anulados, si frenan por medio de culpa o humillación su necesidad de sentirse capaces y de avanzar, van a rendirse y a demostrar con su conducta que ya no podemos contar con ellos. Están convencidos de no pertenecer, bloqueados y desmotivados.

Pero sigamos profundizando un poco más.

- Cuando alguien no nos presta **atención**, podemos pedírsela de forma amable y con buenos modales.

- Los niños aún no han aprendido a hacerlo de una forma socialmente aceptable. Si un niño interpreta que no recibe **atención**, si crece en él la creencia errónea de que ser el centro de atención es su lugar en la familia, de que solo le tendremos en cuenta de esa forma, su prioridad será utilizar toda su energía para llamar nuestra atención. ¿De cuántas formas puede llamar la atención un niño?

- Cuando alguien quiere imponer su **poder** y obligarnos, cuando nos ordenan algo sin tenernos en cuenta, podríamos demostrar nuestra incomodidad ante esa situación de forma equilibrada, poniendo límites con asertividad.

- Si un niño percibe de forma equivocada que lo más importante en una situación es ganar, tener el **poder**;

si ha malinterpretado las cosas o está en contacto con algún adulto que es muy autoritario, podría retarnos y desafiarnos de cientos de maneras diferentes buscando imponerse, intentando convencernos de que es él quien manda.

- Cuando vivimos una situación **injusta**, que nos causa dolor, deberíamos haber desarrollado la capacidad de extraer aprendizaje de ella y buscar una solución equilibrada para reparar esa injusticia. Los adultos ya deberíamos haber aprendido a transmitir nuestro dolor, en lugar de proyectarlo y acusarlo en los demás.

- Desgraciadamente, muchos adultos y los niños aún no han aprendido a hacerlo, y si no encontramos empatía y disponibilidad emocional en nuestra figura de apego y seguridad, salpicaremos ese dolor en forma de venganza, dañando a otros.

- Cuando alguien nos menosprecia o nos hace sentirnos **inferiores** o humillados, como adultos con habilidades sociales que somos podríamos manifestar nuestro malestar de forma equilibrada y asertiva.

- Cuando un niño vive situaciones de sobreprotección o control excesivo, si percibe o malinterpreta que, haga lo que haga, nunca es suficiente, si algo o alguien le hace sentirse inútil, incapaz o inferior, desarrollará la creencia equivocada de que realmente todo es inútil, y se rendirá. Puede que nos demuestre de múltiples maneras que ya no le interesa que le tengamos en cuenta, que le da igual si lo hacemos o no. O puede que, aunque siga intentándolo, se muestre muy miedoso y desconfiado.

Resumen

Los niños se centran en conseguir atención o poder con el fin de que les tengamos en cuenta, y si no lo consiguen, tienen dos maneras de expresar el malestar que les causan esas carencias: la venganza, dañando a los demás, o la ineptitud, rindiéndose.

Ahora ya sabes qué son los «malos comportamientos»: malas decisiones en cuanto a la búsqueda de significancia y pertenencia derivadas de creencias equivocadas sobre experiencias sociales.

El niño percibe los estímulos del entorno, interpreta lo percibido basándose en sus experiencias, forma una idea en su cabeza y decide en función de esta. Todo ello desde la inmadurez.

TODO COMPORTAMIENTO TIENE UN PROPÓSITO

LÓGICA PRIVADA

CREENCIA

Sus ideas del mundo aún no tienen filtro «social».

DECISIÓN

Esto deriva en «malas decisiones», que serían los «malos comportamientos».

INTERPRETACIÓN

La inexperiencia puede llevarles a interpretaciones inmaduras de las situaciones.

SENTIDO DE PERTENENCIA

Necesitamos sentir que los demás nos tienen en cuenta. Es una cuestión de supervivencia.

PERCEPCIÓN

Los niños perciben el mundo a través de los estímulos que les rodean.

Podemos, entonces, considerar que los niños no se portan mal, solo se equivocan. Por tanto, educar no es enseñarles a obedecer o seguir unas normas. Educar es darles herramientas y guiarles para que aprendan a tomar buenas decisiones sobre su manera de pertenecer, hacerse visibles y aportar.

Mal comportamiento = Mala decisión (decisión que causa incomodidad en los adultos).

¿Qué opinas ahora sobre el hecho de castigar o reñir a un niño que, simplemente, está intentando que le tengas en cuenta y no sabe cómo hacerlo? ¿Qué te parece que en lugar de enseñar a los niños a buscar una manera adecuada de fortalecer los vínculos sociales, les estemos haciendo pagar por algo que ni siquiera saben que están haciendo mal? Porque, insisto, no lo están haciendo mal. Están aprendiendo a hacerlo.

Siempre pongo el mismo ejemplo en las sesiones de formación. Imagina que vas a trabajar a Alemania y no sabes hablar alemán. Ni una sola palabra. Tu jefe te indica muy calmado, con gestos y en alemán cómo realizar una tarea. Tú interpretas lo que te suena en el momento y lo haces con toda la ilusión del principiante. Realmente quieres hacerlo bien, quieres aprender. Pero no lo has entendido correctamente y te equivocas. Tu jefe, en vez de hacerse entender y corregirte, te echa una gran bronca, en alemán. (¿Alguna vez os han reñido severamente en alemán?)

¿Acaso no te sentirías perdida, decepcionada, dolida, rendida y humillada en ese momento? ¿Ha sido útil la reacción de tu jefe, tanto para él como para ti? ¿Has aprendido algo? ¿Ahora puedes corregir tu equivocación y hacerlo mejor, o te sientes demasiado mal como para intentar algo? Este es, básicamente, el día a día de muchas niñas y niños.

Pero vamos a seguir buceando un poco más, profundizando en este mundo nuevo que Dreikurs llamó «metas equivocadas». Ahora que ya sabes lo que necesitamos para aprender a convivir y cuáles son los motivos del mal comportamiento, ¿cómo puedes utilizar esta información?

Te pongo un ejemplo. Estás hablando con tu hijo de ocho años. Algo que tú le dices, le molesta. Se va a su habitación enfadado, y se encierra dando un portazo. ¿Qué te está diciendo? ¿Cómo identificar lo que hay detrás de esa conducta para poder ayudarle a tomar una mejor decisión la próxima vez? ¿Qué necesidad está expresando? ¿Cuál de las cuatro metas equivocadas está mostrando? ¿Cree que necesita más atención y más poder, o expresa su dolor vengándose o mostrando que se rinde? Si sabes identificarlo podrás trabajar con él esa necesidad. Podrás ayudarle a expresarla de forma cada vez más adecuada y de manera preventiva. Porque un portazo, o cualquier otra conducta equivocada, cualquier mala decisión, puede estar mostrando su necesidad en cualquiera de los cuatro pilares de la pertenencia.

¿Cómo identificar y cómo solucionar?

¿Cómo aportarles seguridad y capacidad para que no perciban un «vacío» que les empuje a buscar satisfacer su necesidad de conexión de manera inadecuada, desde la urgencia?

Vamos a darles ejemplo y herramientas para que aprendan a pertenecer de forma adecuada. Así sabrán acercarse a los demás «tomando buenas decisiones» (portándose bien).

Una de las claves es tener una planificación preventiva. Sabemos que no se trata de ganar los momentos de conflicto, sino de ayudarles a hacer una buena interpretación de las situaciones. Con ello sus decisiones serán más acertadas.

Así que la primera pista para identificar el tipo de mal comportamiento y saber qué necesitan, es **cómo te hace sentir su conducta**. Qué te están proyectando.

1

¿Qué puede necesitar un niño que hace que te sientas asfixiada, absorbida, nerviosa o irritada, si con su actitud te mantiene pendiente de él de una forma u otra y no te deja hacer nada más?

Este niño tiene la creencia equivocada de que debe de mantener a los adultos pendientes de él constantemente. De lo contrario, siente que no le están teniendo en cuenta. Ha malinterpretado que no le atendemos lo suficiente y esa atención que siente que le falta será su prioridad. Va a intentar conseguirla a toda costa y, seguramente, tomando muy malas decisiones al respecto.

Ese niño ha malinterpretado que la única forma de conseguir que le tengan en cuenta es llamar la **atención** constantemente.

Una vez que identificas la sensación que te provoca, vas a poder «leerle» y ayudarle. Pero ¿cómo? ¿Dándole más atención? Todo lo contrario, sin ignorarle jamás (eso iría en contra de nuestra necesidad social más básica), convenciéndole con nuestra actitud respetuosa de que **sí le estamos atendiendo**, de que no necesita hacerse notar constantemente para que le tengamos en cuenta.

Esta meta nos hace replantearnos si realmente les prestamos atención de forma consciente, si estamos realmente presentes y conectados con ellos cuando pasamos tiempo juntos. En ocasiones, nos van a demandar eso: estás, pero no estás de verdad.

Si cuando tu hijo o hija dan un portazo y por la cabeza se te pasa un «¡¡¡Otra vez con la puertita!!! ¡¡¡Ya estamos!!!», y te hace sentir irritación y «pesadez», tu hijo con esa conducta busca que estés pendiente de él, aunque sea «por las malas». Quiere que vayas a buscarle.

¿Cómo convencerle de que sí le tienes en cuenta?

Hazle partícipe en todo lo que puedas. Que se sienta incluido. Que sienta que forma parte de la familia o del aula de un modo activo. Puedes decirle:

- «¿Me ayudas?»
- «Te necesitamos; mientras hacemos esto, ¿puedes hacer esto otro?»
- «¿Me avisas cuando pase media hora?»
- «Menos mal que estabas.»

- «Me encanta estar contigo, aunque ahora no puedo, ¿qué vas hacer mientras me esperas? ¡Gracias!»

Este tipo de frases nos van a ayudar a conectarnos con él o ella y a convencerle de que sí le vemos. Le estaremos enseñando a hacerse notar de forma útil.

2

¿Qué pueden estar intentando transmitirnos nuestros hijos cuando nos hacen sentirnos desafiados, retados, pensando en que **nos van a ganar**, si discutimos con ellos y llegamos al punto de perder los nervios, o intentamos imponernos y decir «Soy tu madre y a mí no…», ¿qué puede estar necesitando un niño o una niña cuando lleva la contraria constantemente y «**no**» es su palabra favorita, cuando te hace sentir que debes quedar por encima, que debes ganar la batalla?

En este punto los niños tratan de decirnos que necesitan tener su propia parcela de **poder**, se sienten asfixiados e incapaces de decidir absolutamente nada en su vida. Este niño o esta niña, por experiencias que no han interpretado bien, o por situaciones en las que los adultos han priorizado la autoridad frente a la conexión, han aprendido que la manera más efectiva de ser tenidos en cuenta, de ser vistos y poder encontrar su sitio en el mundo es siendo ellos quienes manden. Buscando el poder. Ganando en cualquier situación. Para conseguirlo, utilizarán toda su energía, porque están convencidos de que es su papel.

Si después de una discusión tu hija da un portazo y tú te sientes desafiada, si piensas «¡A mí no me cierras la puerta en las narices, jovencita!», si lo percibes como una batalla... ella te está diciendo que quiere imponerse sobre ti.

Una vez identificada su necesidad, su manera equivocada de pedir que se la tenga en cuenta, no debemos darle más poder, sino eliminar el poder de la ecuación. Que no siga percibiendo que lo más importante para los adultos de su entorno es mandar. En esta meta se ven amenazadas muchas creencias equivocadas de los adultos. Seguimos pensando que si «cedemos autoridad», esa persona pequeña se va a imponer sobre nosotros. Los niños y las niñas que nos retan nos están enseñando dos cosas: a buscar la cooperación y a confiar en las decisiones ajenas. Su manera de pedirnos conexión es un doble regalo si sabemos verlo. Porque el concepto de maternidad no debería llevar implícita la autoridad, sino la capacidad de soltar y dejar espacio, dejar crecer.

Los niños y niñas que nos hacen sentirnos retados nos están pidiendo opciones, poder decidir algo en alguna ocasión. Porque la gran mayoría de niños no decide nada nunca. Desde que nacen, en todo momento algún adulto ha decidido su día entero. Todos los días. Esa necesidad de ser visto, de no ser invisible, a veces se desarrolla buscando que le dejen **ser**. Demostrar una valía personal. Conseguir librarse del sentimiento de inferioridad que le causa sentirse manejado, como si fuera una marioneta.

La única forma de ayudarles a sentir que les tenemos en cuenta de verdad y que sí pueden tener las riendas de su vida, es dándoselas realmente.

Dándoles opciones dentro de los límites de la seguridad y el respeto. Dejando que decidan todo lo que estiméis seguro.

Cuanto más perciban que no los obligamos, que solo pretendemos guiarlos y quererlos, antes dejarán de retarnos, llevarnos la contraria a todo, decirnos «No» y desafiar cualquier límite para que les tengamos en cuenta. Empezarán a tomar mejores decisiones sobre cómo actuar frente a las normas y comenzarán a buscar la conexión y la cooperación, en lugar de buscar oposición.

Su actitud cambiará si les dices:

- «Es tu decisión.»
- «¿Tú qué harías en este momento?»
- «¿Qué opinas tú, vamos?»
- «Confío en ti.»

Necesitan pruebas de confianza y de cooperación. Quieren ser autónomos. Te suena lo de «¿Yo solita?». Eso es una bendición si entendemos el manual de instrucciones. Porque sabremos traducirlo en «Necesito aprender, equivocarme, retarme a mí mismo y superarme».

Algún día, cuando nada funcione, di en voz alta: «Cariño, yo no te mando, yo te cuido»... A ver qué pasa.

3

¿Qué pueden estar intentando transmitirnos nuestros hijos si hacen que nos sintamos dolidos, decepcionados, ofendidos, si con su conducta buscan dañarnos o dañar a otros?

Si esto sucede, podemos hacerles pagar por los daños causados (castigándoles y causándoles más dolor y más rechazo), o mirar mucho más allá.

Una persona que daña, es una persona dolida. Desde esa mirada podemos, primero, validar y acompañar ese dolor para luego enseñarle a transmitirlo de forma respetuosa.

Si se da una situación en la que nuestro hijo siente que algo es injusto, va a tener la necesidad de vengarse. Y va a buscar conectarse con sus figuras de seguridad a través de ese dolor, mostrándolo, causándolo. Si esas figuras de seguridad muestran disponibilidad emocional, si nos mostramos comprensivos, priorizando que nuestro hijo se siente mal y dando la conexión que está pidiendo de manera inadecuada, podremos acercarnos a él. De esta forma sentirá que es tenido en cuenta. Sentirá que lo vemos por encima de todo, más allá de sus malas decisiones. Esta mirada de compasión e incondicionalidad va a cimentar una relación de confianza y respeto en la que, poco a poco, ese dolor proyectado, en lugar de ser una búsqueda de venganza, irá evolucionando y siendo cada vez más una llamada de auxilio respetuosa, porque estaremos enseñándole a tener en cuenta a los demás.

Solo respetando y comprendiendo, los niños aprenden a respetar y a comprender a los demás.

Si, por el contrario, estos niños no reciben disponibilidad emocional de sus adultos de referencia; si por su actitud o por ese portazo que nos ha causado decepción o nos ha dolido, recibe una venganza (un castigo o un enfado), su dolor se acrecentará. Porque antes había sentido una injusticia, pero ahora, además, no le estamos teniendo en cuenta, percibe que no le vemos, que no entendemos su dolor. Y el malestar aumentará y, probablemente, intentará buscar una víctima, una persona a la que sí pueda hacer sentir dolor.

Una persona que daña a otra, es una persona dolida. Siempre. Cuando nuestros hijos se expresan a través de la venganza, nos están enseñando a practicar la compasión y la incondicionalidad. Nos están enseñando a ver a la persona y el amor que sentimos por ella, a que el dolor que proyecta no nos aleje, sino todo lo contrario, nos lleve a abrazar ese dolor y a decir «Te veo».

Una vez interiorizado que las conductas que expresan venganza no son malos comportamientos, sino señales de dolor, podremos validar los sentimientos de nuestros hijos sin enfrentarnos o hacerles pagar por ello. Les diremos, por ejemplo:

- «¿Estás bien? Puedes contar conmigo si has tenido algún problema.»

- «Te quiero mucho y veo que no te sientes bien, ¿qué puedo hacer por ti?»
- «Mamá te quiere siempre, pase lo que pase.»

Estos niños están acostumbrados a que la gente se enfade con ellos cuando muestran su enfado. Un cambio muy efectivo es mostrar de una forma inequívoca que sus enfados no van a provocar los tuyos, sino todo lo contrario, cuanto peor estén ella o él, más receptivos y cariñosos estaremos los adultos. Desde la conexión se sentirá mejor, y desde esa sensación de pertenencia podrá expresar su dolor de forma mucho menos perjudicial para los demás.

Esa injusticia o situación que les ha dolido puede darse en casa o en otro entorno, pero a quienes van a buscar siempre primero es a sus figuras de apego. A lo mejor han pasado un mal momento en el colegio, pero lo van a proyectar contigo. ¿Qué significa eso? Que eres la persona más importante de su vida. Por eso, si en algún momento has pensado «conmigo es con quien peor se porta», enhorabuena. Ahora ya sabes que es porque le importas más que a nadie.

4

¿Qué pueden estar expresando nuestros hijos, si con sus actitudes nos hacen sentirnos preocupados, impacientes, culpables o incapaces?

Puede darse una situación en la que nuestros hijos hayan

intentado que les tengamos en cuenta, y alguna circunstancia les haya hecho sentir que nada de lo que hagan será suficiente, que es imposible que nadie les vea, por lo que han decidido rendirse. Se han considerado incapaces de encontrar su sitio y piensan que no hay forma de lograrlo.

En este punto lo que tenemos sobre la mesa es desconexión, distancia emocional y una autoestima que peligra.

Cuando nos sentimos incapaces de acercarnos a ellos porque se muestran bloqueados, desmotivados o muy pasotas, significa que algo les ha hecho rendirse. Su creencia equivocada es que no pertenecen y ya no quieren hacerlo.

Por eso, en este punto tenemos que centrarnos, una vez más, en la conexión básica. Buscarlos todo lo lejos que se hayan ido y apelar a la incondicionalidad de nuevo. En este caso no se trata de un «Te quiero, aunque me hagas daño», sino de un «Te quiero, aunque nada salga bien». Se trata de demostrarles que no tienen que llegar a una puntuación, a un estereotipo, que pueden equivocarse las veces que haga falta; de demostrarles que les queremos por encima de cualquier triunfo o fracaso.

Esta es una actitud propia de muchos adolescentes y de niños y niñas con alta sensibilidad. Los adolescentes llevan un bagaje de fracasos demasiado grande, su vida está llena de todas aquellas veces en las que han querido conectarse con los adultos, lo han intentado de manera inadecuada y han recibido castigos o humillación. Es lógico rendirse. Es triste que lleguen a la etapa más increíble de sus vidas tan solos y perdidos. Ahora ya sabes por qué.

Búscales más allá de sus notas, su desorden, sus gamberradas o su forma de hacerte sentir incapaz. Necesitan que no te rindas. Nuestros adolescentes necesitan que volvamos a creer en ellos.

Los niños y las niñas de alta sensibilidad captan los intercambios emocionales con mucha más intensidad. Todo les llega de una forma amplificada, y tramitar un simple gesto puede ser crucial.

Pero ahora ya sabemos cómo hacerlo de forma positiva. Acércate a ellos sin pretender nada más que disfrutar a su lado, sin pedirles nada. Sin expectativas. También resulta muy efectivo cambiar la perspectiva del error, mostrarles que equivocarse es humano y revisar si nuestra actitud frente a fallos o pequeñas faltas ha sido motivante o incapacitante.

Recuperar la conexión y convencerle de que sí le tenemos en cuenta, de que sí pertenece, es la forma de ayudarle a volver a recuperar el interés por avanzar y las ganas de formar parte de manera útil y significante. Ese portazo puede haber hecho que te sintieras muy preocupada porque ya le percibes lejos, puede que te haya hecho pensar en llevarle a un especialista o en pedir ayuda.

Si es así, es tu hija o tu hijo quien te está pidiendo ayuda. Y ahora ya sabes cómo hacerlo. Disfrútale, y que lo note.

Aquí tienes el manual de instrucciones

Sus ganas de conectarse contigo. Lo que te hacen sentir. Lo que haces con esa información. No era tan difícil. Es mucho más fácil que pasarse la vida improvisando, luchando y alejándote de ellos.

Son las llamadas **metas equivocadas** de comportamiento, según Rudolf Dreikurs.

Ahora que ya sabes qué son los malos comportamientos, cómo diferenciar los cuatro tipos de necesidades de las que nacen, solo tienes que pensar, cada vez que surja un mal comportamiento, una pregunta: «**¿Para qué** lo hace?».

No estoy diciendo «Por qué». Los porqués no los saben ni ellos muchas veces. Un niño puede pedir atención **porque** su madre no le mira, **porque** hay demasiada gente alrededor, **porque** ha hecho algo de lo que se siente orgulloso, **porque** hace mucho que nadie le habla... Y todo eso no podemos controlarlo. No podemos intervenir sobre todas las cosas, solo podremos intervenir sobre nosotros mismos.

El «**para qué** hace cualquier cosa» es lo que te va a dar la clave. Debes preguntarte: «¿Qué me hace sentir con su conducta?». Y la respuesta será: «Siento A, B, C, D... entonces, lo hace **para** conseguir A, B, C, D». No importa tanto el qué, como la necesidad que hay detrás.

Tabla de las metas equivocadas

Si el padre/ maestro se siente:	Y tiende a reaccionar:	Y si la respuesta del niño es:	La creencia detrás del comportamiento del niño es:
Fastidiado, irritado, preocupado, culpable.	Con advertencias, ruegos, haciendo cosas que el niño puede realizar por sí mismo.	Detenerse momentáneamente y más tarde retomar la misma u otra conducta inadecuada.	Yo pertenezco solo cuando notas mi presencia o cuando obtengo un servicio especial, soy importante únicamente cuando te mantengo ocupado conmigo.
Provocado, desafiado, amenazado, derrotado.	Luchando, riéndose, pensando: «No te puedes salir con la tuya» o «Te obligaré a hacerlo», queriendo tener la razón.	Intensificar su conducta inadecuada, complacer de forma desafiante, sentir que ganó cuando el padre/maestro está alterado, ejercer poder pasivo.	Yo cuento solo cuando soy el jefe o tengo el control, o puedo hacer que nadie me mande: «No puedes obligarme.» Solo pertenezco cuando tengo el mando.
Lastimado, decepcionado, incrédulo, disgustado.	Con represalias, desquitándose, pensando: «¿Cómo pudiste hacerme esto a mí?».	Tomar represalias, lastimar a otros, destruir cosas, desquitarse, intensificar la misma conducta o elegir otra arma.	Creo que no cuento, por lo tanto, lastimo a los demás porque yo me siento herido, no puedo ser aceptado ni amado. No creo que pertenezco, por lo cual voy a herir a otros ya que yo me siento herido.
Desesperado, perdido, inútil, deficiente.	Dándose por vencido, haciendo las cosas por el niño, sobreprotegiéndolo.	Volver a intentar en el futuro ser pasivo, no mejorar, no responder. Ensimismarse o abstraerse más.	No creo que pueda pertenecer, por lo tanto, convenzo a los demás de que no esperen nada de mí. Soy inútil e incapaz; no vale la pena que intente nada porque no haré nada bien.

Adaptado de *Disciplina Positiva*, de Jane Nelsen, 2001. Traducción: Norma Ruz. Título original en inglés: *Positive Discipline*, Jane Nelsen, Ballantine Books, 1996.

Mensaje táctico:	Las respuestas productivas y estimulantes de padres/maestros incluyen:	La meta del niño es:
Date cuenta de mí. Inclúyeme de tal forma que me sienta útil.	«Te amo y ___.» (por ejemplo, «me importas y te dedicaré tiempo más tarde.»); distrae al niño involucrándolo en una actividad útil; no le des servicios especiales; di las cosas una sola vez y después actúa; planea momentos especiales; establece rutinas; dedica tiempo a entrenar al niño; organiza reuniones familiares/de sala de clase; toca sin hablar; establece señales no verbales.	**Atención excesiva** (para mantener ocupados a los demás y obtener servicio especial)
Déjame ayudar, dame opciones.	Redirige el poder positivo pidiéndole ayuda al niño; reconoce que no puedes forzar al niño y pídele su ayuda; no pelees y no te rindas; sé firme y cordial; actúa, no hables; decide lo que harás; deja que las rutinas manden; desarrolla respeto mutuo; da opciones limitadas; pídele al niño su ayuda para establecer algunos límites razonables; lleva a cabo lo acordado; estimula; cambia la dirección del poder hacia algo positivo; utiliza reuniones familiares/de sala de clase; retírate del conflicto; sal y cálmate.	**Poder mal aconsejado** (ser el jefe)
Me siento dolido; valida mis emociones.	Reconoce que el niño se siente dolido: «Tu conducta me dice que te sientes lastimado. ¿Podemos hablar de eso?» Evita los castigos y represalias, fomenta la confianza, escucha reflexivamente, comparte cómo te sientes tú, haz gestos de reconciliación, demuestra tu cariño, actúa en vez de hablar, nota de forma positiva lo que el niño domina o hace bien; pon a todos los niños/hermanos en la misma situación; utiliza reuniones familiares/de sala de clase.	**Venganza** (desquitarse)
No te des por vencido conmigo. Muéstrame un paso pequeño que pueda dar.	Ofrece pequeños pasos; evita toda crítica; anima cualquier intento positivo del niño, por más pequeño que sea; confía en las habilidades del niño; enfócate en lo que hace bien; no le tengas lástima; no te rindas; establece oportunidades para que el niño tenga éxito; enséñale habilidades/enséñale cómo hacerlo, pero no lo hagas por él; disfruta de la compañía del niño. Anima, anima, anima; utiliza reuniones familiares/de sala de clase.	**Deficiencia asumida** (darse por vencido y que lo dejen en paz)

Es muy importante recordar también que las percepciones de nuestros hijos están teñidas de inmadurez, de inexperiencia, y entender que no somos **culpables** de sus malos comportamientos o, como vamos a llamarlos a partir de ahora, «**malas decisiones**».

Nosotros podemos ofrecerles seguridad, respeto, capacidad y atención de manera estable y constante, pero ellos van a interpretar las situaciones en función de lo que sientan en cada momento. Y el entorno también va a darles información susceptible de ser malinterpretada. Por eso es importante centrarse en las emociones y los sentimientos, en ese lenguaje que ellos aún dominan y a nosotros se nos ha olvidado.

¿Podemos controlar lo que perciben e interpretan en cada momento? Está claro que de todo lo que les va a llegar, como te decía, no podemos filtrar la mayoría de las situaciones, ni sería bueno para ellos, pues al fin y al cabo es su vida y deben vivirla por sí mismos. Pero yo creo que sí podemos hacer algo para que sus interpretaciones de lo que es sentirse considerados y queridos sean más acertadas.

Quizá podríamos reflexionar sobre esto y ofrecerles todo el amor que sentimos por ellos de una forma un poco más inequívoca, para que les llegue sin las interferencias del «ahora» de la «obediencia» y la «autoridad». Que les llegue conexión para que puedan dejar de buscarla y empezar a alimentarse de ella.

«El corazón de los niños no late, va corriendo a todas partes. Porque el corazón de los niños, en lugar de palpitar, va dando saltos de alegría. Acércate más y escucha cómo trota su pecho si quieres saber a qué suena la vida.»

¿Sabes qué otra cosa es fundamental para que funcione? Revísate. ¿Sabes diferenciar tus malestares? En las sesiones formativas pregunto a las madres y a los padres qué sienten ante un determinado «mal comportamiento».

Suelen contestarme: «Enfado» o «Me siento mal».

También necesitas diferenciar entre cuatro tipos de sentimientos, y eso va a hacer que empieces tu deconstrucción mientras te conectas con ellos, porque los niños no se portan mal, los niños nos enseñan a crecer con cada «portazo». Para ello, debemos preguntarnos:

- ¿De cuántas formas diferentes pueden nuestros hijos pedirnos atención?
- ¿Cuántas maneras tienen de retarnos?
- ¿De qué formas pueden hacernos sentir mal con sus «venganzas»?
- ¿Cuántas veces tus hijos se rinden y te preocupan con su desmotivación?

Son solo cuatro cosas si sabes leerlas detrás de sus conductas, sentirlas. Es un manual de instrucciones infalible.

Si dudas de tus sentimientos ante sus conductas y no eres capaz de identificar qué meta equivocada están buscando, puedes ir al siguiente paso: mira cómo se comportan cuando les pides que no sigan haciéndolo. La forma en la que reaccionan te da la clave inequívoca.

La Disciplina Positiva es un método preventivo. Podemos anticiparnos a los momentos difíciles y ayudarles a que tomen buenas decisiones («se porten bien») aportándoles las necesidades que persiguen en todo momento, sin esperar a que las busquen de manera inadecuada.

Puedes **incluirlos, darles opciones, validarlos y capacitarlos** en cada momento. De esta forma estarás simplificando y enriqueciendo al mismo tiempo su crecimiento.

Os estáis conociendo, es solo eso... Una vez vi en internet una recreación de nuestra galaxia en movimiento. El Sol viajaba a una velocidad indescifrable, guiando y arrastrando con toda la fuerza de su gravedad a los planetas y satélites, que bailaban en una danza hipnótica a su alrededor, girando en espiral. Un vórtice de luz, espacio y tiempo. Y yo toda la vida pensando que el Sol era estático, siempre en el centro. Segura de que estaba quieto. Y yo toda la vida pensando que yo ya era una persona hecha. Entera.

Mis sentimientos, mis pensamientos y cada átomo de mi cuerpo está y estará siempre en movimiento. Igual que sus nuevas, brillantes e infinitas galaxias. Porque todos somos pequeños ensayos del Universo. Recreaciones en miniatura de accidentes químicos y ritmos físicos que ni entendemos.

Todo se trata de ser capaces de no eclipsarnos al bailar juntos en espiral... al ir volando, para seguir creciendo. A través de la luz, el espacio y el tiempo.

8

La clave para que quieran «portarse bien» no está en los premios o en los refuerzos

Yo quería ser buena. Yo nunca quise hacerlo mal, enfadar o decepcionar a mis padres. Pero sucedía. Constantemente.

Y perdía las ganas de intentarlo... porque me dolía sentir entre latido y latido un eco que me mentía: «Nunca es suficiente, nunca es suficiente». Recuerdo la asfixia de querer no fallar. Y a veces conseguirlo.

Pero si había recogido la habitación, estaba hablando demasiado. Si había aprobado con un sobresaliente, se me había pasado ordenar algo. Mi obligación era «hacerlo bien».

Todo. Ser buena, estar guapa, no molestar. Ser buena, estar guapa, no molestar.

Ahora sé que no, que no era así; esa no era mi obligación para nada, pero fue lo que yo interpreté. Lo que mi corazón de niña entendió. Porque siempre se priorizó la corrección. Ya no el fallo, sino adónde había que llegar.

Y por el motivo que fuera, sin poner el foco en la culpa, pocas veces sentía la conexión necesaria como para entender que yo importaba más que lo que debía hacer bien.

Yo sí sentí más culpa que responsabilidad. Yo sí me perdí no sabiendo lo que se esperaba de mí, cuando nadie debería sentir eso. Nadie debería sentir que la obligación de conseguir algo, es más fuerte que el amor.

Las personas necesitamos experiencias de conexión para alcanzar la estabilidad, y desde ahí, la adquisición de recursos. Necesitamos conexión con nosotros mismos, con las personas con las que interactuamos y con el mundo que nos rodea, para sentirnos bien y estar preparados para aprender.

Por otro lado, estamos totalmente preparados para descubrir y buscar aprendizajes de todos los estímulos que recibimos, y en cada reto alcanzado, en cada ocasión de superarnos, nuestra autoestima se multiplica exponencialmente, por lo que la ecuación no es muy complicada.

Bastaría con acompañar el crecimiento. Sería suficiente priorizar el respeto. Porque los adultos miramos a los niños desde muy arriba. Como si el hecho de llevar más tiempo en este mundo o ser más grandes fuera motivo justificado para menospreciar su derecho a ser respetados como personas.

¿Hemos olvidado lo que dolía ser humillados? No. Lo llevamos tan a flor de piel que no necesitamos procesarlo para explicarlo o sentirlo, para buscar sanar constantemente sin saber cómo hacerlo. Es un automático que salta y va con nosotros cada día, pero no somos conscientes de ello, y por eso seguimos perpetuando una educación basada en la distancia emocional, en un apego vacío, de mentira.

En cada mal momento estamos devolviendo toda aquella frustración y toda aquella soledad. Podemos cambiar esto y ofrecer a nuestros hijos un futuro en el que no sientan miedo a avanzar.

Tus hijos son personas maravillosas ahora. Y en sus aprendizajes a tu lado pueden crecer de manera sana. Esa debería de ser la prioridad. Muy por delante de enseñarles cualquier cosa, podríamos ofrecerles la pócima del éxito. Podríamos desarrollar juntos una operación matemática que explique cómo querer en incondicional, cómo dejar de arruinar la inmensidad que nuestros hijos traen de serie y nos empeñamos en ignorar solo para que «**se porten bien**».

Hace poco hice un descubrimiento bonito y revelador. Hace poco alguien me dijo una palabra con tanta verdad, de una forma tan real y desde tan adentro, que pude sentir una conexión más allá de lo que nunca había experimentado. Fue una mezcla de agradecimiento, diversión y admiración; de ganas de ahora y de mañana; un siempre y un todo dicho con otras letras: «**contigo**».

Esa fue la palabra que me impactó a quemarropa, «**contigo**». Es lo que necesitamos escuchar para sentir todos nuestros «Pase lo que pase», para atrevernos, para saltar, para vivir urgentemente libres, pero nunca solos de nosotros mismos.

«**Contigo**» es la fórmula que despeja las dudas, que nos orienta cuando estamos perdidos y nos conecta. Es la energía para avanzar. ¿Sabes cómo funciona?

La fórmula «**contigo**» necesita tres componentes que anulan un negativo. La fórmula «**contigo**» se utiliza para todo, en todo momento, y con todo el mundo, porque esos tres ingredientes puedes encontrarlos en unas cosquillas, en el tacto del dorso de la mano, en una mirada de complicidad, dentro de cada abrazo. No se compra, no se pierde, se tiene. Por eso siempre funciona:

$$\textbf{Contigo} = \textit{Confianza} \times (\textit{Tiempo} + \textit{Espacio}) - \textit{Miedo}$$

Es la fórmula que va a hacer que tus hijos no pierdan la esencia que les hace querer aprenderlo todo, maravillarse por todo, conectarse a todo. Que les alienta a tomar cada vez mejores decisiones.

Ya sabemos los ceros que el miedo suma a lo negativo, a lo que impide crecimiento. Es la leña del fuego que lo arrasa todo. Pero lo llevamos dentro. Y por eso hay que contra-atacarlo, anularlo si se hace demasiado grande, sumando otro tipo de calor, una luz que no quema pero guía.

Y esa luz es la confianza. Son las miradas que acompañan y no juzgan. Es la actitud de quien también se maravilla con ellos. **Contigo**.

En todo y para todo mírales sin reproche, sin hartazgo, sin esa manera de mirar que tenemos a veces los adultos que te transforma en error, en lugar de corregirte con respeto. Mírales con la confianza que necesitan para aprender y dales tiempo y espacio para hacerlo, para identificar, aceptar, asumir, integrar y aprender de cada pequeña cosa que les pase… y ayúdales a hacerlo sin sentir miedo a ser menos.

«**Contigo**» es la manera de que no necesiten nada a cambio para no rendirse, porque nada les va a llenar más que saber que no dejas de estar, incondicional.

Su autoestima

La autoestima es un predictor de libertad y garantía de aprendizajes reales. Lo que muchas veces no entendemos es que nacemos con los niveles de autoestima y libertad absolutamente llenos.

Todos llegamos a este mundo después de haber nadado en amor puro durante nueve meses. Aún no sabemos lo que son las etiquetas, los juicios, sentirnos «menos que...». Los miedos sociales vienen luego. Todos nos apreciamos ilimitada e incondicionalmente desde que nacemos. No es algo consciente. Es algo de vibración, de esencia. Somos. De la forma más pura en la que se puede ser. Porque la autoestima no es el pensamiento consciente de amor propio por encajar en una imagen socialmente aceptable, es la sensación de trascendencia a través de la capacidad de crecer, conectarnos y recibir de lo que nos rodea.

Tener autoestima es sentirse capaz. La autoestima está detrás de cada «Yo solita». Es la causa de muchas frustraciones que acaban en reprimenda o castigo... y ahí empezamos a perderla. Porque los «Yo solita» manchan y desordenan mucho. No son «convenientes» para el mundo adulto pero lo son todo para el desarrollo sano de los niños.

Los adultos no tienen que hacer nada para «reforzar» o «fomentar» la autoestima de sus hijos. Deberíamos, simplemente, dejar de destruirla. ¿Cómo está sucediendo eso? ¿Cómo estamos cayendo en la espiral de la inseguridad y del bloqueo y empujándolos a ellos?

En nuestro afán por cuidar y enseñar, el miedo nos desvía del camino y nos encontramos frenando el crecimiento de nuestros hijos en nombre del amor.

Un día recibí un mensaje pidiendo una foto de los deberes porque un compañero se había olvidado de apuntarlos. Proporcionarle esa foto supondría rescatarlos. Pero es en las cosas pequeñas donde deben empezar a sentir lo que es tener responsabilidad, y si te has olvidado los deberes y yo te los facilito, mañana tendrás aún menos interés en responsabilizarte de eso. Son peores las consecuencias de prestar esa ayuda, que de no hacerlo y que el niño vaya al día siguiente sin los deberes hechos. Son las habilidades a largo plazo las que buscamos, no que evite un castigo puntual.

Podríamos acompañar ese momento para sacar aprendizajes y animar al niño a buscar soluciones para que no vuelva a ocurrirle algo así. Que diseñe sus propias estrategias para que pueda asumir las poquitas responsabilidades que tiene ahora, y así, en el futuro, asumir muchas más desde la motivación. Porque seguramente le habremos ayudado a conseguir los deberes recordándole lo «desastre» que es… y desde esa sensación de incapacidad y culpa es muy complicado tener ganas de «portarse bien». Rescatar y humillar es un «cóctel destrozaautoestimas» muy efectivo.

Hace poco vi un vídeo sobre la importancia de hacer la cama. Un «héroe de guerra» (esas dos palabras para mí no tienen sentido juntas) explicaba que si pudieras completar cada mañana la primera tarea del día, hacer tu cama, eso te daría la sensación de capacidad suficiente para ir haciendo tareas pequeñas a lo largo de la jornada. Si por cualquier situación tu día no hubiera sido bueno, llegar a casa y ver tu cama lista haría que te sintieras mejor. Y creo que esa persona tiene toda la razón. Hacer tu cama cada mañana puede ayudarte mucho el resto del día.

En conclusión: **confía en ellos**. Y que lo noten. No necesitan refuerzos, tu orgullo o un juicio de valor sobre todo lo que hacen, dicen o piensan. Simplemente necesitan que les mires con la plena confianza de quien quiere, de quien sabe que va a avanzar porque nos sobra el amor que lo abona todo.

Esa confianza se multiplica si sumamos el espacio y el tiempo, si nos olvidamos del ahora y nos centramos en el **siempre**. Siempre están aprendiendo y **siempre** deben notar que, pase lo que pase, les queremos. A ellos, no a sus aciertos, no cuando esquivan un fallo. A toda su dimensión, incluyendo cada proceso, cada pelea, cada suspenso, cada oportunidad para seguir creciendo.

Piensa en la persona que más admiras en tu vida. Puede ser alguien célebre, algún escritor, científico, músico o deportista. Piensa en que le conoces y, por una voltereta del destino, tienes la oportunidad de colaborar con él o ella. Imagínate que puedes hacer un dúo con Freddie Mercury, acompañar a Gandhi en un discurso o tirar un penalti con Zidane.

Imagínate el momento en que la ilusión te supera, quieres dar todo de ti para demostrarle a esa persona que tú puedes, que eres capaz de estar a la altura, que tu admiración te motiva a ser tu mejor versión. Quieres devolverle toda su **confianza,** desbordada de **agradecimiento**.

Pero imagina que, justo cuando estás a punto de dar todo de ti misma, cuando tu pecho se desborda de satisfacción, esa persona te desprecia. Te dice que lo que has hecho es un desastre, que está todo mal. ¿Cómo te sentirías? ¿Cómo podrías seguir mirando a esa persona? ¿Y a ti misma? ¿Dónde está tu dignidad?

Y ahora podemos preguntarnos:

¿Quiénes son los ídolos de nuestros hijos? La respuesta es: nosotros. Tenemos el poder de mantener toda esa fuerza que no se ve detrás de cada intento. Podemos custodiar y acompañar todas sus ganas de hacerlo bien. Porque su motivación intrínseca, la que ni se compra ni se vende con chantajes o premios, está en la imagen que dibujarán de sí mismos cuando intentan crecer, y somos nosotros los que podremos darles aquellos dos ingredientes fundamentales: **seguridad** y **capacidad**.

La clave para que tus hijos quieran «portarse bien» es que dejes de mirarles como seres incompletos. Que dejemos de centrarnos en las cosas que están por hacer y empecemos a poner todo el foco de atención y cariño en disfrutar de ellos mientras crecen. En que ellos noten que no esperamos nada, que los queremos como son y con lo que hacen. Y la verdad es que ya lo hacemos. Somos incondicionales desde el Predictor, pero no sabemos transmitirlo porque nos dijeron que educar era amaestrar. Y nos perdemos intentando a ciegas que «sean» «buenos, mientras nos alejamos de ellos.

Y al final es todo **contigo**, conectados para sentirse seguros y no perder las ganas de aprender:

- Con confianza
- Con espacio
- Con tiempo
- Sin miedo

Aplicando esta fórmula no habrá que hacer casi nada, porque ellos son los que están aprendiendo.

Solo **contigo** se sentirán a gusto… para querer portarse bien, para sentirse capaces de seguir intentándolo:

- Cuando se caiga, tendrá tu apoyo
- Cuando se equivoque, tu compasión
- Cuando se pierda, tu luz
- Cuando se bloquee, tu guía

Ningún premio, por muy dulce que sea, va a ser más valioso para ellos que cualquier cosa que entiendan **contigo**.

Cuando un niño está más pendiente de averiguar si alguien está ahí para él que de aprender, jugar y experimentarlo todo, va a vivir con la urgencia de quien se ha perdido, sin disfrutar de su camino.

Cuando nosotras nos centramos en lo que tienen que hacer no nos centramos en ellos. Eso lo notan y lo dejan todo por conseguir que volvamos a ellos.

¿Cuántas veces desviamos la atención de lo verdaderamente importante por «calificar» el resultado de un proceso? ¿Cuántas veces les robamos la sensación de **capacidad** al centrarnos en lo que a **nosotros** nos parecen sus logros, en lugar de respetar y dejar que ellos los asuman como propios?

En las sesiones formativas este momento es clave: «**Muy bien**». Es el aniquilador de la motivación por excelencia, la golosina verbal más adictiva del mundo. ¿Cuántas veces al día, cuando nuestros hijos hacen o dicen algo «correcto», nos falta tiempo para clasificarlo y etiquetarlo como positivo y apropiarnos del juicio, del triunfo y del orgullo de ese momento?

La primera vez que tu hijo te enseñó un dibujo, no te preguntó: «¿Te gusta?». Cuando tú le dijiste: «¡Muy bien! ¡Me encanta!»; es cuando empezó a preguntártelo.

La primera vez no necesitaba tu juicio de valor, solo quería enseñártelo. Una vez que plantaste ese criterio fuera de él o ella, lo buscará ahí siempre, **fuera**.

¿Qué peligros entraña el «Muy bien», el halago, el refuerzo, el premio?

Anula y atrofia el músculo del criterio propio, llevándose consigo casi toda la autoestima. Cuando solo es el mundo exterior el que me dice si voy por buen camino, si mis dibujos son bonitos, si estoy guapa, si hago algo bien… es al mundo exterior al que voy a recurrir para opinar de mí misma y de lo que hago. Además, este tipo de herramientas activan en nuestro cerebro la vía de satisfacción rápida, que es muy potente, pero se extingue muy rápido, por lo que una vez se pase el efecto positivo de ese halago o esa apreciación externa, va a necesitar más enseguida. Es un mecanismo muy similar al de las adicciones. Por eso las redes sociales, en las que puedes tener muchos seguidores que «refuerzan» positivamente tus comentarios o fotos, tienen tantísimo éxito. Pero si acostumbramos al cerebro a funcionar con esa energía de combustión rápida y externa, estaremos enseñándole a usarla siempre.

Ahí está la diferencia entre la alegría (momentánea y muy potente) y la felicidad (estable y a largo plazo).

Cuando vivimos de refuerzos (halagos, premios, recompensas, «Muy bien») dejamos de ser libres. Alguien, una campaña publicitaria, un estereotipo… me va a condicionar para intentar parecer la idea de alguien que no soy yo, buscando ese estímulo rápido que me da el refuerzo externo.

El refuerzo positivo nos hace creer que el amor y la aceptación hay que merecerlas; que la vida es una carrera, una competición; que nunca es suficiente.

Si nuestros hijos tienen que mendigar, merecer o ganarse el amor, nunca van a sentirse suficientes. Van a buscar y perseguir, mendigar, aceptar mucho menos de lo que merecen. Con tal de tener atención, les valdrá cualquier cosa o harán lo que sea.

Hemos crecido condicionados, hacemos las cosas para gustar, para sentirnos aceptados, cuando deberíamos ser aceptados simplemente con **ser**, no por intentar hacerlo de determinada manera. Hacemos cosas para que alguien no se enfade con nosotras o conseguir algo a cambio, no por el hecho de sentirnos satisfechos y orgullosos de nosotros mismos en cada aprendizaje, como sucede, por ejemplo, en el caso de los premios materiales. Ahí está la clave.

¿Cuál es la alternativa? Con la fórmula **contigo** no se juzga, no se pone un adjetivo a todo, nada está «mal», nada está «bien». Solo está **contigo**, y ya iremos viendo para qué o cómo aprendemos de eso. Y ¿cómo se hace eso?

Acompaña y capacita. No dejes que tengan ansiedad por ser perfectos. Enséñales a confiar en que, si algo sale mal, hallaremos una solución. Eso es el nivel más alto de autoestima. Enséñales a decir: «Lo hago lo más bonito que sé, sin sufrir el proceso pensando que debo ser perfecto, porque **confío** en mi capacidad para buscar alternativas y reparar en caso de fallo».

¿Cómo podemos conservar su autoestima, hacerles crecer en motivación intrínseca y no condicionarles mientras les acompañamos? ¿Con qué sustituimos los «Muy bien» y los premios? Sigue este método:

- Describe: no juzgues la situación como buena o mala. Solo ponle atención y que sean ellos los que sientan orgullo si ha sido algo acertado, y responsabilidad para mejorar si no lo ha sido tanto. Puedes decirles:

- «¡Has conseguido aprobar!»
- «¡Te has subido ahí tú sola!»
- «Has discutido con tu amiga.»

• Agradece: aprecia y valora los esfuerzos y la capacidad de cooperación y conexión de tus hijos:

- «Gracias por decirme lo que sientes.»
- «Gracias por recoger tu mesa.»
- «Muchas gracias por tus esfuerzos.»
- «Te agradezco que hayas tenido en cuenta a tu hermana a la hora de escoger la peli, gracias de verdad.»

• Dales aliento: empuja esa incondicionalidad y ese crecimiento para que no caigan en el desánimo si las cosas van mal y se sientan orgullosos de su avance si todo va bien. Diles, por ejemplo:

- «Puedes intentarlo de otra forma si quieres.»
- «Confío en ti.»
- «¿Cómo te has sentido? ¿Ha valido la pena?»
- «Deberías estar orgullosa.»
- «Estoy siempre cerca, inténtalo si quieres.»
- «No siempre sale todo a la primera, y está bien.»
- «Seguro que al calmarnos se nos ocurren algunas soluciones.»

Alentando, empoderando, motivando sin condicionar podrás hacer lo mismo, decir lo mismo. Lo hagan bien o mal. Ellos sentirán de esa forma tu incondicionalidad. No cargarán con el peso que supone agradar, alcanzar una meta irreal o responder a condicionantes y expectativas externas. Sus aciertos y sus fallos serán suyos, y eso les proporcionará la motivación y la autoestima para no conformarse en la vida con las migajas de un «Muy bien» que los limita cuando, en realidad, siempre se puede seguir avanzando… mucho más allá.

Una de las herramientas más potentes y que más uso también es el ejemplo. Intentar superarme siempre y contarles mis tropiezos en el camino y los logros que voy consiguiendo. Practico guitarra delante de ellos y me ven engancharme una hora con un acorde.

Ven que no me rindo, y cómo me rindo a veces. Me equivoco y vuelvo a empezar, sin culpa, sin inferioridad, sin presión; con ganas de que más tarde o más temprano salga bonito, no bien.

Porque, al final, la vida y la educación es como tocar en una orquesta, como practicar un deporte de equipo. Realmente podríamos ser como aquellos profesores que no castigan cuando fallas una nota, sino que te recomiendan horas de estudio, repeticiones, escalas…

Práctica, dedicar tiempo. Y, al final, sale.

O como aquellos entrenadores de baloncesto que no te castigan sin jugar ni te humillan si no encestas un triple... sino que sugieren que te quedes más rato a practicar, a repetir el movimiento hasta que tu cuerpo tenga memoria del giro de la muñeca y le salga solo. Con práctica y con tiempo. Seamos directores de orquesta sin batuta, ayudando a nuestros hijos a sonar bonito y conectados en cada nota. Somos entrenadores de vida en un partida que no acaba nunca, donde ellos necesitan todo **contigo**.

Uno de los baches que muchas veces nos impiden educar en la confianza plena es la **pérdida de control**. Nos cuesta aprender a soltar, a liberarnos de todos nuestros miedos y de las mentiras que nos cuentan cuando nos obsesionamos para que nada vaya mal.

Nuestros hijos no son nuestros, son regalos de la vida que vienen envueltos en muchas capas de papel. Las fases que ellos van superando serían esos preciosos trocitos de colores que nos da pena que se rompan... «¡Ojalá no crecieran nunca!», pensamos; pero si no permitimos que ellos mismos se vayan desprendiendo de esas capas de papel de regalo, jamás podrán llegar a ser ese obsequio escondido dentro, que está esperando para llegar en el momento adecuado.

Sé distinta

Cada día, dos segundos antes de cerrar la puerta de mi casa, escuchaba esa frase en boca de mi padre. Siempre.

Todos los días. Era lo último que me llevaba a mi mundo exterior. A veces fue una losa; otras, un ancla, y he de reconocer que tardé años en comprenderlo realmente.

«Sé distinta», me decía. En un mundo en el que nos pasamos el noventa por ciento del tiempo intentando «encajar», mimetizándonos con nuestro entorno para no salirnos de la raya, mi padre me pedía que no fuera nadie más que yo misma, que no me dejara llevar por corrientes que no respetan quién soy. Y cuando tienes quince, dieciséis o veinticuatro años y estás decidiendo quién eres... esa frase a veces es un fastidio.

Cuando me despedía con un «Bajo a la calle un rato, ¡adiós!»; la contestación siempre era la misma: «¡Sé distinta!».

Y lo fui. Inevitablemente, esas dos palabras, repetidas todas y cada una de las veces que salía por la puerta de mi casa, calaron hondo y me dieron la fuerza necesaria para no dejarme pisar, para alejarme de gente que no me aceptaba tal y como soy, para tomarme el tiempo necesario y descubrir quién quiero llegar a ser. «Sé distinta.» Y lo fui. Y he ido en contra de tantas corrientes, que ni me acuerdo de lo que es dejarse llevar por nada que no sea mi propio camino. Y he decidido siempre el cómo, el cuándo y el dónde. Se han reído de mí, me han despreciado, ninguneado y me han hecho faenas. Como a todo el mundo. Pero eso ha sido algo por lo que jamás he llorado. Nunca me ha afectado. Quizá por estar demasiado ocupada cosiéndome mi propia vida.

Ser distinta me ha salvado. Me ha ahorrado el esfuerzo de enfundarme vestidos que no me cabían o sonrisas que no me encajaban. Me ha protegido del universo de la perfección irreal y clonada en el que vivimos. De las opiniones en masa. De modas y movimientos pasajeros. Me ha salvado de esa sensación atroz que lleva a mucha gente a no aceptarse en lo más profundo de su esencia, y a parchearse para, precisamente, no ser distintos...

Ahora que soy madre, entiendo ese «Sé distinta» como un salvavidas para momentos en los que hacíamos cosas que no deseábamos, por no quedar mal o, simplemente, no quedarnos fuera. Y vaya si lo fue. Porque recuerdo haber permanecido firme y segura en situaciones confusas. Recuerdo haber disfrutado al máximo de mis decisiones (no todas buenas, obviamente) con el convencimiento y la seguridad de que eran mías.

Y lo mejor de todo es que, por haber sido distinta, no me considero diferente o distante. No me considero fuera de nada, porque esa frase me decía que ahí fuera, en el mundo real, hay sitio para todos, y aunque cuesta mucho hacerse un hueco, cuando lo encuentras todo cobra sentido. No solo estás, eres.

9

Castigos y aprendizaje

¿Amaestrar o educar?

Las familias que se acercan a la Disciplina Positiva son familias conscientes y muy implicadas en la educación de sus hijos. Personas que dudan, se informan y buscan construir la mejor versión de sí mismos para ser cada día el mejor ejemplo para sus hijos. Estas personas humildes y valientes, que han leído todo y más sobre pedagogías alternativas, siguen haciéndome las mismas preguntas año tras año: «¿De verdad se puede educar sin castigar?»; «Al final hace falta castigar de vez en cuando, ¿no?».

El castigo es el recurso del educador que no tiene recursos.

Seguro que te han castigado alguna vez a lo largo de tu infancia. Puede que de manera sistemática, hasta el punto de que los castigos ya ni te impresionaban, o puede que en tu caso solo hayas estado castigada un par de veces. Bien porque eras «buena» o bien porque tus padres no solían usar ese «método».

El castigo podía ser un «¡A tu cuarto!», un castigo verbal (enfado airado, grito, menosprecio) o incluso un castigo físico. Si eres de los afortunados y en casa nunca recibiste esta clase de «trato», estoy segura de que sí lo has recibido en el colegio.

O en tu vida adulta. ¿Alguna vez te han puesto una multa? Sí, todos hemos sido castigados alguna vez. Y si fallamos o nos equivocamos, seguiremos recibiendo castigos de una forma u otra, porque vivimos en un sistema que acepta el amaestramiento ejemplarizante como herramienta educativa en todos los niveles sociales. Pero es una paradoja utilizar un castigo como ejemplo en lugar de un buen ejemplo en sí, ¿no crees?

¿Podrías recordar qué sentías cuando recibías un castigo? Intenta ir allí, a aquel momento. Si piensas en ese castigo como persona adulta, quizá sientas que fue justo, que tu comportamiento dejó mucho que desear y realmente «merecías» ser castigada. O a lo mejor no piensas que lo merecías, pero desde tu posición de madre o padre entiendes que tú, sin otra alternativa, quizá también hubieras utilizado un castigo en esa situación.

Por eso te pido que intentes recordar cómo te sentías cuando te castigaban, cuando te pillaban. ¿Qué sensaciones, qué emociones afloraban en ti? ¿Era algo parecido a la responsabilidad? ¿A las ganas de reparar y solucionar? ¿Sentías que tenías motivación de aprender a hacerlo mejor? ¿Sentías que los adultos te estaban enseñando desde el amor? ¿Admirabas a esas personas? ¿O sentías resentimiento, rabia, retraimiento? ¿Tenías sensaciones que se parecían al fracaso? ¿Te sentías cerca del adulto que castigaba o, por el contrario, te parecía alguien inalcanzable y, en ese momento, nada amigable?

Simplemente quiero que intentes recordar si los sentimientos que nacían después de recibir un castigo eran positivos y estaban encaminados al aprendizaje, o todo lo contrario, te generaban bloqueo, culpa o ira. ¿O sentías ganas de librarte del castigo o de que no te pillasen la próxima vez, ganas de mentir tan fuerte que tú no habías sido, que incluso llegabas a creerte esa mentira?

Equivocarse siempre fue tan malo que no podías permitírtelo. ¿Realmente aprendías algo aquellas veces que te quedabas sin salir, sin recreo o sin ir al cumpleaños de tu amiga? ¿O todo se reducía a un «Vale, si lo vuelvo a hacer, me la cargo»?

Quizá eras de las que lo aprendían a la primera, o quizá, como yo y muchas otras personas, aprendiste a mentir, a culpar a otros de tus errores, a odiar desde el sentimiento de inferioridad que te causaba ese castigo. Porque si no te dan ninguna herramienta alternativa para poder hacer las cosas mejor, para aprender, o si te enseñan desde la culpa o el miedo, es muy probable que vuelvas a tomar malas decisiones.

Y como el castigo no solo conllevaba el hecho en sí de recibirlo, sino la amenaza constante de su presencia, desarrollabas tus propias estrategias. Obviamente, inmaduras y poco provechosas.

A lo mejor, como a mí, un castigo, un grito, una amenaza, una bofetada... no te enseñó absolutamente nada bueno. Y lo que es verdaderamente grave... te dejó ver la peor cara de la persona o las personas que más admirabas. Toda su debilidad y su falta de recursos proyectada en rabia, te enseñó lo que es vengarse.

Y puede que, como a mí, te diera la impresión de que «Quien bien te quiere, te hará llorar»... o de que está bien que las personas que deberían entenderte, cuidarte y protegerte, las personas que más te quieren en el mundo, pueden hacerte sentir muy mal; o que nada de lo que hagas es suficiente.

Porque, a veces, cuando a alguien lo castigan mucho, se rebela. Pero otras veces se cansa y se rinde. Y se confunde. Y cree que el amor hay que ganárselo y ya no hace nunca lo que quiere, hace lo que sea para merecer que le quieran. Pero incluso eso no es suficiente y se rinde del todo.

Cuando era pequeña estaba convencida de que los mayores castigaban porque los niños estorbamos, porque solo ellos querían poder hacerlo mal o porque nunca quisieron enseñarnos, solo mandar sobre nosotros. Esas eran mis percepciones, esos fueron mis aprendizajes en todos mis castigos.

A estas alturas he entendido y perdonado. He aprendido a darle la vuelta y a ayudar a que muchas familias no castiguen a sus hijos, pero no guardo buenos recuerdos de aquellos momentos, de aquella rabia, de aquel desconsuelo.

Forma parte de nuestro proceso como sociedad entender que no se trata de hacer pagar a los niños por sus faltas de experiencia, sino de volcarse en sacar aprendizaje de estas desde el respeto y la amabilidad.

¿Qué es el castigo al fin y al cabo?

Más que una forma de educar, más que una herramienta de aprendizaje, es una manera de dirigir conductas a través del miedo. Una técnica de amaestramiento basada en el condicionamiento.

Al recibir un castigo, ¿qué podría captar nuestra mente necesitada de búsqueda de conexión emocional constante? Me llevará pensar que soy «mala», o «burra», o «inepta»… Los castigos, además de no educar, maleducan de una forma muy despiadada, porque al final todo se reduce a no perder algo. No hay aprendizaje de habilidades y hay distancia emocional.

No estoy referenciando ningún estudio científico que avale mi argumento. Te estoy pidiendo que recuerdes tus emociones, que te pongas en **sus** zapatos volviendo a calzar los tuyos cuando tenías su edad.

Ante esa cuestión, en todas las sesiones formativas sale la frase: «Yo sí aprendí, yo sí respeté». Estamos muy desconectados de nosotros mismos, de lo que es o deberían ser las relaciones humanas basadas en el respeto, y hoy por hoy muchas personas siguen pensando que actuar de una determinada manera para que alguien no se enfade contigo, es ser personas educadas. O lo que es peor... creen que eso es «querer».

¿Qué consecuencias nos han traído los castigos a nuestro presente, los que recibimos de niños y los que seguimos recibiendo? Se suele hablar de las consecuencias de los malos comportamientos, pero... ¿y las consecuencias a largo plazo de las herramientas educativas irrespetuosas basadas en el condicionamiento de la conducta? Veamos un ejemplo al respecto, muy ilustrativo.

Sabemos que las bolsas de plástico no se degradan. Hemos oído en todos los medios de comunicación que van a quedarse en la tierra contaminando el entorno durante más de quinientos años. También nos han dicho que en el proceso de producción de estas bolsas, y de todos los objetos de plástico, se contamina muchísimo. Sabemos que los efectos de esta contaminación ya se están produciendo y sabemos que los pronósticos, si seguimos así, son muy preocupantes.

Lo sabemos, pero las seguimos usando, a pesar de tener los datos reales de las consecuencias catastróficas de nuestra actitud de consumo salvaje; a pesar de saber que son nuestros propios hijos los que se van a ver perjudicados por nuestra forma de ignorar este problema. ¿Qué pasaría si mañana empiezan a multarnos con 200 euros cada vez que usamos una bolsa de plástico?

Efectivamente, dejaríamos de utilizarlas por miedo a la multa ; no por haber aprendido, no por responsabilidad, no por consciencia, sino por temor a que nos vacíen el bolsillo. Creo que es muy significativo que nos dé más miedo un castigo que una posible extinción. Quizá estoy exagerando, pero puede que te haya hecho pensar.

¿Qué pasaría si cada vez que usemos una bolsa de tela reutilizable en lugar de una de plástico nos dieran un premio de 200 euros? Efectivamente, empezaríamos a usar bolsas de tela para obtener algo a cambio; no por haber aprendido, no por responsabilidad, no por consciencia, sino para conseguir un premio. Esto se llama «sociedad domesticada», «sociedad amaestrada», una sociedad que no piensa más allá de lo que puede conseguir o de lo que debe evitar. Es una sociedad que por haber sido educada de esta manera se ha instalado en el egocentrismo infantil de forma permanente, porque seguimos intentando sin éxito aprender las habilidades para la vida que nos hubieran ayudado a desarrollar empatía, responsabilidad, consciencia; a tomar buenas decisiones sin el condicionante del miedo o la recompensa, sin estar domesticados. Nuestros caminos están limitados por ese control de la conducta tan peligroso: si nadie me pilla, adelante, y si no me dan algo a cambio, yo paso.

¿Qué significa esto? Que los castigos, igual que los premios, impiden que las personas desarrollen una de las habilidades fundamentales para madurar y poder convivir: la responsabilidad de sus propios actos. Es por ello que a los adultos de hoy en día nos cuesta mucho **admitir** un error o hablar de algo en lo que no hemos acertado. Sentimos pánico a mostrarnos vulnerables y, al fin y al cabo, humanos.

En mi opinión, los castigos amputan la autoestima y la libertad, no porque sean castigos que priven de la libertad física, sino porque nos arrebatan la capacidad de gestionar el error, aceptándolo, responsabilizándonos y reparándolo. Y creo que no existe nada más liberador que crecer y poder avanzar después de haber reparado algo que no has hecho bien. No se trata de arrepentirse después de la culpa, sino de responsabilizarse después de tomar conciencia del error como lección de vida.

¿Se puede educar sin castigar? Se puede. Debemos partir de una pregunta: ¿Queremos hacer pagar a nuestros hijos por sus errores o queremos enseñarles a repararlos? Si prefieres educar en lugar de culpar, humillar y empujar a tus hijos a sentirse incapaces, puedes centrarte en enseñarles a buscar soluciones. Así de sencillo.

El cambio es liberador, porque una actitud centrada en la búsqueda de soluciones no se limita a ofrecer una reacción ante un mal comportamiento. Es una actitud general que no está condicionada por ninguna conducta. Podemos ser resolutivos y alentar a nuestros hijos a serlo en cualquier situación, tanto si toman malas decisiones como si surge un problema o sucede algo inesperado.

Podemos mostrar una forma de aceptar los procesos de nuestros hijos que les invite a mirar la vida con plena consciencia de su poder sobre esta. Podemos enseñarles a responsabilizarse sin culpa de todo aquello que aún estén aprendiendo y requiera seguir intentándolo.

Además, la actitud centrada en soluciones fortalece su autoestima al favorecer que se sientan capaces de superar retos, de aportar soluciones y participar en la resolución de las mismas. Si un niño no recoge su habitación, podemos castigarle o animarle a buscar una solución para no tener que estar tanto tiempo recogiendo, alentarle a que se responsabilice, a que busque, a que resuelva, a que algo tedioso se convierta en un reto que superar. Si entrenamos esta habilidad desde el respeto y la seguridad, teniendo en cuenta el momento de desarrollo del niño, no necesitaremos amenazar o castigar para que adquiera la habilidad de recoger.

La búsqueda de soluciones es mucho más que la herramienta alternativa a los castigos de la Disciplina Positiva, es una manera de entender la conexión de forma productiva. Elimina los sentimientos de inferioridad que propiciábamos con los castigos y tiende puentes que nos ayudan a fortalecer el vínculo y a empujar a nuestros hijos a que de todo puedan extraer aprendizaje.

Centrarme en soluciones me reconcilió con muchos aspectos de mi vida en los que me sentía impotente y víctima. A todos nos ha pasado que nos encontramos culpando a los demás de nuestros problemas, o a la vida, o a la lluvia. Pensar que puedes influir en lo que te pasa, o al menos pensar una alternativa, o como mínimo intentarlo, le da mucha vida a la vida. Te devuelve las riendas. Te libera del victimismo y te da todo el poder.

A mí, que me pasé media vida castigada, bloqueada, ahora se me ocurren mil soluciones para cada problema, cuando antes solo tenía la opción de sentirme fatal y cumplir mi castigo, pasar el mal trago.

La mente de los niños es una fuente inagotable de alternativas, planteamientos imposiblemente maravillosos y soluciones que tú jamás hubieras pensado.

Inténtalo. Si tus hijos toman una mala decisión, si hacen algo mal, anímales a que procuren solucionarlo. Desde la amabilidad, ayúdales a ver en sus tropiezos una oportunidad para tener experiencias, desarrollar la mente, crecer.

Patrones

Cada vez que tus hijos se esfuerzan por hacerse preguntas con el fin de buscar alternativas y soluciones, su cerebro está aprendiendo ese patrón: **error-solución-aprendizaje-autoestima.**

El castigo, por el contrario, tiene un patrón muy diferente: **error-culpa-miedo-dolor.**

El castigo es, en un porcentaje muy alto de las veces, un desahogo para el adulto. Cuando es explosivo («¡A tu cuarto!»), liberamos la presión del momento y parecemos notar alivio, para luego sentirnos culpables por nuestra mala gestión. Cuando es algo más meditado («Has suspendido cinco, este verano no hay campamento») a veces lo enmascaramos llamándolo «consecuencia», aunque parece que en ocasiones no tenemos muy claro ese concepto. Si un niño suspende cinco asignaturas, la consecuencia es que no aprueba el curso, no es pasarse el verano estudiando. Esto último es un castigo o condición impuesta por sus padres. Se trata de dos conceptos totalmente distintos.

Si realmente dejásemos al niño asumir las consecuencias («Juan, has suspendido cinco. No vas a pasar el curso») y le animásemos a buscar soluciones, apoyando y alentando sus ganas de superarse, probablemente llegaría antes el aprobado que si le castigáramos sin campamento. Se puede aprender a usar las consecuencias naturales de manera respetuosa si se acompañan sin intervención, con supervisión, respeto y validación.

Si nuestro hijo se cae por correr por el parque en una zona con el suelo lleno de raíces y se lo recriminamos diciéndole: «¡¿Ves?! Ya sabía yo que te ibas a caer»; no sacamos aprendizaje, humillamos.

Si, por el contrario, atendemos esa caída sin decir nada, interesándonos por su posible «lesión» y validando cómo se siente, es muy probable que el niño aprenda de esa situación, puede que tenga más cuidado al correr por esa zona, porque ha habido respeto, conexión y tiempo para integrar esa consecuencia.

Las consecuencias son los sucesos naturales que siguen a una decisión o conducta. Cuanto más podamos acompañar la vivencia de esas consecuencias desde la búsqueda de soluciones y la conexión, más aprendizaje se conseguirá.

Las consecuencias lógicas son decisiones tomadas con el niño sobre qué hacer cuando ha pasado algo y el adulto tiene que mediar en la situación. Han de ser consensuadas y decididas con ellos, deben tener relación con lo que ha pasado, ser proporcionales y reveladas con antelación. Sin embargo, por mi experiencia puedo decir que es muy difícil aplicarlas, ya que, en esas situaciones, alguno de los cerebros está «apagado» y es complicado utilizar la consecuencia lógica sin tono de castigo o sin que ellos protesten al pedirles que «cumplan» lo pactado, porque no están receptivos.

La alternativa al castigo es la actitud constante de confianza, de compasión, de empoderamiento y de motivación ante el error. Si no confiamos en que nuestros hijos pueden mejorar, ¿quién va a hacerlo? El castigo bloquea, impide lo que precisamente quieres conseguir al aplicarlo. Es absolutamente mágico apagar el foco de la conducta y buscar en los momentos de calma el tratamiento reflexivo de lo que ha pasado, desde la revisión de las creencias equivocadas, buceando en los «para qué» de lo que ha sucedido, con nuestros cerebros en calma, conectados en la búsqueda de una solución.

«¡¡¡Pero es que tienen que aprender que eso no se hace!!!»

Sea lo que sea lo que no se hace, solo aprenderán si pueden practicar, si pueden experimentar la confianza de quien les guía y la satisfacción de sus pequeños logros. El castigo aleja porque siembra miedo.

«¡Mi madre me mata!»

Si en lugar de castigar o enfadarnos con nuestros hijos mostramos actitudes de escucha activa y comprensión, no correremos tanto riesgo de fomentar esas mentiras que todos hemos dicho para «librarnos» de «alguna bronca». Si construimos una relación real, basada en la aceptación de procesos y de aprendizaje progresivo, con todos los tropiezos que ello supone, puede que en un futuro quieran contarnos sus cosas, todas sus cosas, porque seremos referencia de guía, de cooperación, y no de miedo.

Este punto es muy importante para trabajar en algo tan crucial como la prevención de abusos sexuales. Los abusadores se valen de amenazas como: «Si cuentas esto se van a enfadar contigo», o algún otro tipo de condicionante que atribuya la culpa a la niña o al niño.

Si nuestras hijas e hijos no tienen miedo de que vayamos a enfadarnos, si tienen claro que, cuenten lo que nos cuenten, no «se la van a cargar», estaremos protegiéndolos de la soledad de la mentira. Procura que nunca piensen que «los vas a matar», porque no podrás ayudarles si te ocultan cosas por ese motivo.

Por favor, elimina el castigo. Enséñales a buscar soluciones para que cualquier problema en la vida sea un reto que superar, en lugar de una barrera de miedo y culpa.

Un hijo difícil

¿Qué es un hijo difícil? ¿Una personita que no te pone las cosas fáciles? ¿Que te lleva a tus límites? ¿Que te empuja, quizá, a tu peor versión? ¿Podría ser esa persona con la que menos te entiendes, con la que no conectas? O... ¿podría ser un regalo?

Una oportunidad para dar lo mejor de ti, para conocer los límites de tu comodidad, de tus debilidades y traspasarlos para fortalecerte. Una personita que puede hacerte sacar todo tu potencial de imaginación, de entrega... de amor. El hijo o hija que más te necesita. ¿Podría ser así?

Dicen que los hijos con los que peor te llevas son los que más se parecen a ti, y yo en parte creo que es verdad, porque, al fin y al cabo, lo que proyectas es lo que ellos te están devolviendo. Están hablando tu mismo idioma emocional. Te leen y te contestan. Y recuerda que no todos te perciben igual, por eso no todos se comportan igual. No hay niños difíciles, hay miradas difíciles.

Si dejas de verlo como algo complicado, si cambias la palabra «problema» por la palabra «reto», si comprendes para qué te busca de esa manera... solo así dejará de ser todo tan difícil.

Nuestros hijos o hijas difíciles son los que de verdad han venido a recordarnos que no estábamos creciendo en el proceso, y a regalarnos el privilegio de sentir incondicionalidad. Gracias por enseñarnos que, al final, solo se trataba de pararse a querer.

Incondicional
Cuando no sepas expresar lo que te desborda
Cuando creas que todo está en tu contra
Cuando te enfades y no se te ocurra mejor cosa que gritar

Cuando no puedas afrontar un nuevo obstáculo y te
     niegues a llorar
Cuando te rindas y decidas suplicar
Cuando todo te salga mal y te pueda la inseguridad
Cuando me dediques tu mejor ceño fruncido
Cuando tengas miedo y quieras huir y dejarlo todo
Cuando decidas mal para vengar tu dolor
Cuando te dejes llevar por la pena, la ira o la desidia
Cuando hagas ruido para evitar el silencio
Cuando te dominen los malos pensamientos
Cuando te niegues a escuchar
Cuando no sepas crecer a partir de tus errores
Cuando juegues a la autodestrucción
Cuando vuelvas a tropezar con la misma piedra
Cuando me ignores, me desprecies o intentes ofenderme
Cuando te olvides de confiar
Cuando actúes sin sentir, sin pensar, sin brillar
Cuando decidas perderte para escapar de ti mismo
Cuando no encuentres el camino
Cuando te cueste recordar lo increíble que eres
Yo...
... siempre...
... te veo...
... a ti.

10

Relaciones de calidad
para educar bonito

No se puede educar bonito si no tenemos una relación de calidad con nuestros hijos. Para construir esa relación sólida pero flexible con ellos, basada en el respeto mutuo, es muy importante tener en cuenta una serie de factores que nos van a ayudar a cambiar la mirada, a salir de ese concepto de «educación vertical» condicionada por la distancia que genera la búsqueda de obediencia.

Una relación de calidad tiene en cuenta a las personas, y las personas pasamos por momentos y fases, tomamos buenas y malas decisiones, tenemos deseos y necesidades e interpretamos el mundo desde perspectivas únicas y subjetivas.

Entonces, ¿cómo educar sin que nuestro estilo o nuestras herramientas deterioren la relación con nuestros hijos? ¿Cómo **ser** transmisores de los valores que queremos enseñar teniendo en cuenta a nuestros hijos? Para lograrlo debes considerar cuatro puntos fundamentales:

- Entiende la Infancia
- Prioriza la conexión
- Crea un ambiente de aprendizaje
- Utiliza todo el potencial infantil

1. Entiende la infancia

Quizá este sea el punto más necesario hoy en día, porque de un tiempo a esta parte estamos anulando y condenando a la infancia. La vitalidad, el potencial y la energía con la que las niñas y los niños recargan el mundo, está siendo patologizada. Las familias sienten cada vez más una presión desproporcionada y un juicio social constante.

No me cansaré de insistir: los niños y las niñas son científicos exploradores y deben «equivocarse» **ahora** para aprender y crecer desde experiencias vividas, no anuladas. No podemos olvidar su necesidad de entender el mundo, su ansia constante de descubrimiento y su cuerpo y mente en desarrollo, sin filtro social. Todo ello no es ni «silencioso» ni «fácil» de gestionar.

Es maravillosamente explosivo. Son fuegos artificiales de vida. Eso es realmente una infancia sana.

Durante los primeros seis años los niños van a aprenderlo casi todo, porque en esa etapa es cuando van a decidir cómo van a decidirlo todo, desde dónde: si lo harán desde la curiosidad, la seguridad y la capacidad, o desde el miedo; ese miedo de pensar que todo lo haces mal, o que necesitas a mamá siempre, o que hagas lo que hagas nunca va a ser suficiente.

Para favorecer que esta etapa crucial se desarrolle con todo su potencial, es muy importante matizar la diferencia entre dos conceptos que a menudo se confunden: «crianza» y «educación».

Como ya comentamos, el ser humano es dependiente en sus primeros años, necesita cuidados y atención las veinticuatro horas del día. En esta primera fase, asociada normalmente a la fragilidad y a la protección, se instauran las bases de muchos de los aprendizajes que más adelante vamos a utilizar, pero la mayoría de ellos no van a tener lugar si los adultos no permitimos ese acercamiento al mundo desde la curiosidad. Además de ser una etapa dependiente, es una etapa de descubrimientos y experimentación.

Si al atenderles o cuidarles obstaculizamos su aprendizaje priorizando una sobreprotección limitante, vamos a bloquear gran parte de sus experiencias. Criar es cuidar y aportar lo que el niño no puede hacer por sí mismo, y eso no tiene nada que ver con impedir que interactúe con su entorno.

Normalmente, mientras criamos, controlamos y sobreprotegemos. En lugar de permitir a los niños descubrir y alcanzar, adaptamos entornos, limitamos, coartamos, advertimos, frenamos.

En lugar de supervisar para evitar peligros reales y enseñarles a conquistar obstáculos y entender sus propias limitaciones para no dejar nunca de intentar superarlas, desde el amor, les amputamos las alas con las que nacen. Pero todas las niñas y todos los niños necesitan volar para entender el mundo cada uno a su ritmo y manera. Todos fuimos creados para hacerlo, para experimentar los límites de nuestras capacidades y romperlos, y celebrarlos.

«Educar» significa, precisamente, permitir el aprendizaje. Este perfil de familias que están preocupadas, en lugar de estar ocupadas en la educación; de madres y padres que crían más allá de las necesidades de crianza reales, más allá de la edad en la que nuestros hijos nos necesitan para absolutamente todo, están, sin saberlo, impidiendo la autoestima.

Desde su amor y su voluntad de proteger a sus hijos, o desde una postura a veces más egoísta, donde los adultos no quieren «complicarse», sin darse cuenta les están negando las experiencias que toda persona necesita vivir para aprender a cuidar de sí mismos, a desarrollarse como personas autónomas y felices.

Es necesario dejarles volar supervisando su vuelo de manera segura y respetuosa para permitir el aprendizaje, para encontrarlo en cualquier situación, fomentando más, si cabe, el desarrollo de un autoconcepto sano y preservando la motivación y la autoestima que todos tenemos durante la infancia.

«Soy capaz de superarme. Lo intento, fallo y aprendo.»

Por otro lado, el trabajo de nuestras hijas y de nuestros hijos no es estar alerta de las carencias de los adultos, no es defenderse de nuestras herramientas obsoletas o de las faltas de consideración por nuestra parte, como tampoco lo es vivir en la urgencia de buscar conexión, persiguiéndonos detrás de nuestras pantallas o nuestros «estreses». Su trabajo es jugar a todo, experimentar para crear su realidad. Si les acompañamos siendo conscientes de las verdaderas necesidades de la infancia, serán futuros expertos de su propia vida. Les habremos proporcionado un calzado de su talla para caminar.

Es urgente mirar a la infancia para recordar su esencia y empaparnos de ella, para no seguir bloqueándola con nuestro ego. Y revisar las expectativas, los tiempos y los ritmos para colocar las emociones, permitirlas y buscar aprendizaje real. Este es uno de los cambios que más nos cuesta llevar a cabo.

Estamos acostumbradas a dejarnos llevar por la energía de los momentos e intentar «educar» cuando se dan las situaciones, cuando hay problemas, buscando resultados inmediatos o soluciones a corto plazo. Los momentos álgidos no propician el aprendizaje porque nuestro organismo no está preparado para integrar y sacar provecho de la información recibida cuando está inundado por el estrés. De la misma forma, nuestro organismo tampoco es capaz de transmitir de manera respetuosa y segura el mensaje educativo cuando estamos tensos y/o enfadados. La distancia que se genera en los momentos complicados, imposibilita la conexión emocional, el bienestar y la confianza necesaria para que exista cualquier tipo de intercambio y, por tanto, cualquier aprendizaje. Nos cuesta entenderlo, pero la propuesta es centrarse en las habilidades que nuestros hijos puedan aprender a largo plazo, porque, al fin y al cabo, lo que funciona en el momento no suele significar un aprendizaje útil para el futuro. La energía que invertimos en salvar las situaciones puntuales es energía reactiva, que arrasa, quema. No impulsa. Y eso es lo que buscaremos a partir de ahora, optimizar los recursos, enfocar todas nuestras fuerzas en extraer aprendizaje real.

Cuando los niños se equivocan, toman malas decisiones o tienen una actitud negativa, no es el momento de enseñarles nada de forma directa. No es el momento de pretender explicarles y, mucho menos, de obligarles a nada. La mejor forma de aprovechar esa situación es mostrar una actitud respetuosa y segura frente a su proceso, centrarnos en el aprendizaje que podremos ofrecerles con nuestro ejemplo de empatía y comprensión, y buscar el aprendizaje a largo plazo de habilidades reales, esperando el momento oportuno, buscando o creando situaciones en las que poder enseñar desde la calma.

La educación basada en reacciones del adulto a la conducta inadecuada del niño, sin profundizar en las motivaciones de esas conductas, no es efectiva precisamente por eso, porque de una misma motivación pueden nacer miles de conductas. Estaremos desperdiciando tiempo y energía al intentar anular un comportamiento sin encontrar de dónde nace y para qué lo está exteriorizando.

Entiende la infancia: es una etapa de experimentación que necesita margen de crecimiento, para cometer errores y aprender de ellos. Los niños y niñas no necesitan ni sobreprotección ni ser considerados «patologizables» por no encajar en los parámetros de un test. Están en proceso de cambio constante, recuerda que sus órganos crecerán todo lo sanos que puedan «funcionar» en esta etapa, y un cerebro infantil necesita equilibrio para entender el mundo que le rodea. Si se desborda, necesita comprensión y calma, no intervención educativa contingente e inmediata.

2. Prioriza la conexión

En todo el proceso de acompañamiento de nuestros hijos a lo largo de su desarrollo nos encontramos con muchos obstáculos en forma de fases de crecimiento, de retos nuevos, de imprevistos; la vida misma.

Por eso, decir que la maternidad/paternidad es el «trabajo más difícil del mundo» es quedarse corto. Al convertirnos en madres y padres nos hacemos responsables de otra vida, con todo lo que eso conlleva. Aún estamos intentando domar la nuestra y se nos presenta el desafío de guiar una nueva, de solucionar, de proteger, de ser intachables cuando muchas veces no sabemos qué hacer.

Y a lo largo de todo ese camino encontraremos también mucho amor, muchos momentos felices que nos recordarán por qué ha valido la pena cualquier sacrificio, cualquier cuesta arriba.

Esa inexplicable sensación de plenitud al verlos felices, compensa cualquier lágrima, ojera, estría, arruga o cana. Nos recargan el alma con cada carcajada, con cada mirada... Porque en momentos de lucidez comprendemos que no son ellos los culpables de esas marcas visibles del paso del tiempo, sino que son el bálsamo que nos mantiene con vida, que nos da la fuerza para continuar cuando todo está perdido. A pesar de todas las tempestades, nos dan luz.

Por eso, pase lo que pase, el mejor truco para ayudarles a crecer, a desarrollar su potencial, para acompañarles de la forma más respetuosa y responsable del mundo es: **mantener el vínculo**.

No hay nada más poderoso, nada más firme y seguro que el vínculo con la familia. Educar a nuestros hijos no debe en ningún caso romper o deteriorar la relación con ellos. Si nuestras herramientas educativas nos alejan en lugar de unirnos, si por rutinas domésticas terminamos discutiendo, si por un tatuaje dejamos de hablarnos, si cualquier error por su parte saca lo peor de nosotros, deberíamos replantearlo todo.

No hay nada más importante que la conexión que establezcas con tus hijos, **nada**. Si quieres sembrar la confianza y el respeto mutuo, lo primero que has de perseguir es que nada ni nadie os aleje.

Es nuestra obligación adquirir las herramientas suficientes para ser capaces de educar sin dejar de lado ese contacto indivisible, que es el **amor** al fin y al cabo. Porque es obvio que el cansancio hace mella, la tolerancia se agota y la logística o los recursos, a veces, no son suficientes, pero es más difícil reparar un vínculo roto que esperar a calmarse para hablar del orden o de los deberes. Lo único que conseguimos **ganando** a nuestros hijos es alejarnos de ellos, es cometer la irresponsabilidad de dejarlos **completamente solos**. Porque cuando seas para ellos el pesado o la mandona, no van a recurrir a ti si tienen un problema; no van a ver en ti esa ancla, ese faro. Tendrán miedo de que les castigues, de que les culpes, y preferirán perderse, a asumir que te necesitan.

Educamos con la perspectiva del **ahora** como si nuestros hijos fueran de papel, de un material que se puede doblar, pintar o arrugar de forma rápida y fácil. Pero nuestros hijos son de una madera noble, que crece buscando luz, que se deforma si no tienen día a día la ración de cariño y de respeto que necesitan para convertirse en ese árbol sano y fuerte.

Cuando dudes, cuando no tengas fuerza, cuando todo se ponga cuesta arriba, revisa la conexión contigo misma, con esas necesidades que quizá estés descuidando, y vuelve atrás, al día que os conocisteis y oliste su piel por primera vez, al momento mágico en el que empezó todo. Mírale a los ojos sin olvidar aquel milagro, pues aunque ahora dé portazos, te ignore o te rete, la misma criatura que te inundó el corazón, que te enamoró, está ahí dentro.

Antes de enseñar o corregir, conecta. Utiliza el vínculo para recordarle que solo quieres cuidarle. Esa unión lo repara **todo**. No la pierdas, no la rompas, te hará falta conservarla para los momentos en los que nada funcione, cuando lo único que tengas para dar sea un abrazo.

Cuida el vínculo y todo será mucho más fácil. Prioriza tu conexión con tus hijos por encima de cualquier comportamiento o situación puntual y les estarás aportando la seguridad necesaria para que se dé el aprendizaje.

Revisa cómo te perciben, cómo notan que es inequívoco el mensaje de amor que les mandas, cuidando el modo en que les hablas, en que te diriges a ellos, tanto en los buenos como en los malos momentos, e intenta por todos los medios que asocien tu estilo, tu manera de relacionarte con ellos a su modelo de ejemplo de buenos tratos. Les estamos enseñando a sentirse queridos.

La conexión es el combustible de la confianza, y se alimenta, se riega, se cuida cada día, con mucha piel, con mucho tiempo a solas y con presencia. Pregúntate: ¿Estoy cuando estoy con ellos?

3. Crea un ambiente de aprendizaje para ser ejemplo

Además de conectarnos con ellos, necesitamos que aprendan de nosotras para indicarles dónde están los límites. Estos no se imponen, no se instauran, no se obligan, se enseñan. Y sería una imprudencia no hacerlo, porque ellos no están preparados para entender ni asimilar muchos de los códigos sociales que van a tener que aprender. Sería una crueldad no explicárselos. No poner límites a nuestros hijos es una negligencia, un abandono.

La vida no se los enseñará con el amor que tú sí puedes ofrecerles. El problema es que hasta ahora solo teníamos dos opciones para enseñar esos límites: intentar imponerlos o intentar convencerles ofreciendo algo a cambio; es decir, obligando a base de castigos o reforzando con recompensas. Los resultados de estos métodos suelen ser lo contrario de lo que necesitamos enseñar, porque no se puede obligar a aprender, no se puede forzar a un niño a asimilar un concepto; con premios y castigos no estamos enseñando una habilidad, están aprendiendo a malinterpretar que todo lo que se hace es por miedo o a cambio de algo. Y eso es muy peligroso. Es necesario acompañar su aprendizaje y para ello es necesario crear un ambiente que lo propicie, un clima de confianza. Es preciso adoptar una postura que está fuera del espectro comprendido entre el autoritarismo y la permisividad, para que nuestra actitud sea siempre modelo de equilibrio y crecimiento, no de juicio. Vamos a explicar y a transmitir a nuestros hijos todo lo que sea importante que aprendan desde la amabilidad, respetándoles a ellos y a sus procesos, y desde la firmeza, entendida como una actitud segura por nuestra parte. Recuerda que el concepto de «firmeza» nada tiene que ver con una actitud vehemente, de enfado o arisca. La «firmeza» es para ellos la paz que les hace sentir el hecho de notarnos seguros de lo que hacemos. Tenemos nuevas herramientas para relacionarnos con nuestros hijos desde el equilibrio, ofreciéndoles sensación de capacidad y seguridad, algo fundamental para mantener la conexión y, por tanto, las ganas de aprender de nosotros. Esa es una de las claves del cambio: nuestra actitud respetuosa y segura nos hace guías en los que poder confiar, personas a las que buscar para entender la vida, no de las que huir por miedo cuando nos equivocamos.

En muchas ocasiones me gusta iniciar un debate con las familias de mis sesiones formativas a partir de preguntas como estas: ¿Dónde se educa a los niños, en casa o en la escuela? ¿Quién los educa, la familia o los maestros? ¿De dónde o de quién pueden aprender habilidades para su vida?

La realidad es que los niños pueden extraer aprendizaje de todo lo que viven y perciben, siempre y cuando no sientan miedo. Dependerá de los adultos de su entorno aprovechar esta ventaja, aportarles el ambiente propicio para que ellos mismos construyan sus propios esquemas mentales y acompañar sus experiencias desde el respeto y la certeza de que el ser humano está diseñado para crecer, para extraer aprendizaje de todas las formas de contacto con el mundo que le rodea.

Además, el hecho de ser acompañantes de su desarrollo, no jueces o agentes de la ley, nos posiciona en una actitud de observación y curiosidad, es decir, ellos nos captan como ejemplo de aprendizaje. Les estamos alentando, con nuestra actitud receptiva, a ser receptivos. Nada más importante que eso para fomentar el clima de crecimiento bidireccional que se necesita en una relación de calidad.

Su curiosidad va acompañada de nuestra supervisión y respeto. Esa es la ecuación que garantiza el éxito.

Cuando das mayor prioridad a la relación con tus hijos que a que «te hagan caso», consigues decir que **no** con el respeto suficiente como para que ellos lean amor de tus negativas. Les estás enseñando a confiar en ti.

4. Utiliza todo el potencial infantil

Sabiendo que todo lo que tenemos que corregir en nuestros hijos se debe a una falta de habilidad o a una idea equivocada sobre cómo expresar sus necesidades y deseos, o cómo encajar y buscar su lugar, ya no podemos seguir desperdiciando las oportunidades de aprendizaje que nos brindan esos momentos de «crisis», ahora ya tenemos herramientas para solucionar, para buscar respuestas, para aprovechar cada bache con el fin de construir valores y habilidades. Sabemos lo que tenemos y sabemos cómo usarlo: potencial de crecimiento constante.

Ser conscientes de que cada paso que damos juntos les aporta diariamente habilidades para ser felices, es un regalo que nos libera. Si prestamos atención a la conexión antes que a la perfección y cuidamos el vínculo con nuestros hijos; si educamos, convivimos y enseñamos desde la seguridad y el respeto, y si nos centramos en que sus aprendizajes sean procesos cuyos resultados no son el objetivo, sino su madurez y felicidad a largo plazo... efectivamente, estaremos aprovechando todo su potencial con el fin de aportarles habilidades para su vida en todo momento. Ser capaces de ver tanto los buenos como los malos momentos como energía de cambio, es ya una actitud consciente, una nueva visión. Es una forma de educar de manera preventiva, adelantándonos a los problemas, porque estos siempre surgen de la distancia, del vacío, de la falta de conexión.

El conductismo nos arrebató la fortaleza que se saca de la frustración, de las adaptaciones a los cambios que a veces nos cuesta aceptar; nos bloqueó la responsabilidad de vivir las consecuencias de nuestras decisiones porque las ubicábamos en la culpa, las ignorábamos aguantando la humillación de un castigo en lugar de considerarnos humanos capaces.

El potencial infantil está en la energía con la que los niños y las niñas filtran la vida y en la oportunidad de crecimiento constante, con el error como maestro, la curiosidad como camino, la imaginación como lenguaje y el humor como acento. Si tienes la suerte de vivir con niños, mírales despacio; cada vez que surja un problema y quieras intervenir, respira, da dos pasos mentales dentro de ti misma e intenta pensar en lo que sentirías ante esa misma situación.

Tu potencial de adulto está en reparar lo que el niño que llevas dentro sigue aprendiendo a tramitar y sale en forma de lección por aprender. En cada uno de tus gritos o reproches al desbordarte, necesitas demostrarte que tú sí sabes querer bonito. Necesitas sanarte sin dañar a lo que más quieres. Ahora, ya sabes. Ahora vas a ser capaz de verlo a tiempo. Cuando dudes, saca siempre la fórmula **contigo**:

Contigo = *Confianza* × (*Tiempo* + *Espacio*) − *Miedo*

Y el caos resultante podrás convertirlo en una melodía que se puede cantar, en la música que suena cuando te afinas con ellos.

Trabajamos para que sean personas conectadas consigo mismas y con los demás, para poder transmitirles la importancia de tratarse a sí mismas y a los demás desde los límites de la seguridad y el respeto; les enseñamos a enfocarse en metas reales a medio-largo plazo, alentándoles a que aprovechen sus fortalezas y empujen sus limitaciones hasta transformarlas en capacidades.

Muchas veces escucho a adultos decir que no quieren ser «amigos» de sus hijos, pero no argumentan qué tipo de relación quieren tener con ellos; «Soy su madre», dicen. Sin embargo, yo quiero construir con ellos un lugar, un espacio donde acudir para celebrarlo todo, lo que nos haga llorar y lo que nos haga reír. Yo quiero aprovechar cada momento con ellos como si fuera el primero y el último, porque no pretendo enseñarles a vivir, quiero dudar y aceptar, agradecer y pelear en un equilibrio tan real que vean en mí el significado de estar **viva**.

11

Peleas de hermanos

¿Alguna vez has discutido con tus hermanos? ¿Has llegado a pelearte con ellos? ¿Recuerdas alguna situación en la que estuvierais muy enzarzados en una discusión y, al final, hubierais terminado con carcajadas, pasándolo fenomenal? ¿Cuántos recuerdos tienes de esas perrerías que todos nos hicimos alguna vez?

La familia es la primera comunidad de los niños, y los hermanos son sus primeros compañeros de viaje en ese camino de búsqueda de su lugar en el mundo. Desde su inmadurez y su inexperiencia deben aprender a relacionarse, y esto incluye la discusión y la pelea, el roce, el enfado, la ira y los momentos de diversión, de risa y de complicidad.

Con edades diferentes, con intereses y formas de ver la vida totalmente distintos, la convivencia con nuestros hermanos nos puede aportar infinidad de aprendizajes enriquecedores para el futuro. Ya sea en forma de juego o de conflicto.

Celos

Con la llegada de cada nuevo miembro en la familia, los demás deben recolocarse, tomar decisiones sobre sí mismos y las circunstancias que los rodean, de la misma forma en que ese miembro va creciendo y va adoptando sus propias maneras de expresar y ser. Es en esos momentos de ajuste en los que se pueden desarrollar los celos, con un embarazo, con el nacimiento o, más adelante, cuando el nuevo hermano va ocupando más espacio y «ganándose» a la familia. No hay un momento exacto. En cada familia los celos aparecen en situaciones distintas, pero en todos los casos son la manifestación de un miedo a perder una posición que se considera «propia», por el temor que causa el hecho de interpretar uno de esos momentos de ajuste como un posible rechazo o menosprecio, cuando nuestros hijos se sienten invisibles o el entorno cambia y ellos no entienden el movimiento.

Los celos no se pueden evitar o eliminar sin más, pero sí se pueden gestionar para adquirir fortalezas, porque es en gran medida nuestra forma de tramitarlos lo que va a determinar cómo nuestros hijos pueden aprender de ellos.

En muchas ocasiones nos centramos en focalizar la atención en el hijo mayor para que no sufra o se sienta excluido con la llegada del nuevo hermanito o hermanita, pero no tenemos en cuenta dos cosas:

- Podemos estar fomentando la búsqueda de atención excesiva si realmente le ofrecemos atención extra para que no tenga celos, si hacemos cosas fuera de lo común para «compensar» que ya no le dedicamos el mismo tiempo.

- El hermano pequeño puede tener celos también y desarrollar la meta del poder. Puede sentir, desde su inferioridad, desde su sensación de haber llegado «el último», que su hermano mayor obtiene mucho más poder y atención, por lo que quizá busque imponerse tomando malas decisiones, o quiera vengarse.

Forzar que no aparezcan los celos, suele provocarlos; en cambio, aceptarlos como algo natural y fomentar el sentimiento de significancia de cada hermano, evitará que nuestros hijos se vean siempre como rivales buscando la atención de mamá o papá, buscando su sitio para intentar anular al otro. Crecerán con la creencia errónea de que uno de ellos debe ganar siempre.

Más que prestar a uno u otro hermano atención excesiva o privilegios, se trata de poner en valor la identidad única y especial de cada miembro de la familia, de que se valoren como seres imprescindibles y apreciados simplemente por ser.

Recuerdo una conversación con una amiga en la que me comentaba que su hija mayor tenía celos del hijo pequeño. Ella siempre le recordaba la suerte que tenía de poder disfrutar de un hermano, que era un regalo.

Mi amiga comentaba que eso no solo no funcionaba, sino que parecía que la niña se alejaba y rechazaba aún más al pequeño. Yo le sugerí que le diera la vuelta a la situación y, delante de la niña, le dijera a su hijo la suerte que tenían de tenerse el uno al otro. Por lo visto, la magia hizo de las suyas y con esa actitud de pertenencia, de tener en cuenta a todos por igual pero cada uno en su lugar, con su significancia, utilidad y capacidades, todo fue mucho mejor.

Además de incidir en la importancia de la identidad única, especial y valiosa para la familia, es fundamental no descuidar los tiempos a solas con cada uno de nuestros hijos, los guiños diferentes, el contacto a medida de lo que cada uno necesita, fomentando así el crecimiento individual para alentar el crecimiento del grupo y viceversa.

¿Qué podemos aprender de los celos? Son crisis, momentos en los que los niños piensan que su lugar en la familia peligra. Son oportunidades que pueden impulsar la conexión si validamos sus sentimientos y buscamos el momento para explicarles que con cada hijo se nos multiplica el amor. Y, aunque ellos piensen que deben luchar por trocitos y puedan sentir que les damos migajas de lo que antes fue solo para ellos, podemos transmitirles que nosotras tenemos la inmensidad para cada uno y la garantía de que cuantos más miembros haya en la familia, más amor tendremos, porque el amor crece al repartirlo.

Discusiones y peleas

Te pido que pienses un momento en una imagen muy tierna y común: ¿Cómo juegan los cachorros de perro, león, tigre, elefante, etc.? ¿Cómo se acercan unos a otros? ¿Cómo se buscan? Mediante el contacto. Siempre por el contacto.

Asociamos los «hermanos» con celos/peleas/discusiones... y a mí me da la impresión de que los miedos nos focalizan otra vez en lo negativo, porque estamos ignorando todas las fortalezas que nos ayudan a construir la convivencia con nuestros hermanos y hermanas, todas esas primeras veces de un sentimiento grande: complicidad, admiración, fraternidad, protección, orgullo, generosidad, compañerismo, gratitud, etc.

Dejadme que os cuente que yo tengo cinco hermanos. Somos cuatro chicas y dos chicos. Yo soy la segunda, pero la mayor de las chicas, y por eso siempre me sentí un poco la mayor también.

Mi familia se mudó muchas veces de casa y casi siempre he compartido habitación con mis hermanas, pero en una ocasión, durante algunos años, dormí sola en un cuarto tan pequeño que parecía un ropero. Era mi espacio en el mundo.

Un huequito de caos y paz en medio del bullicio de una casa de ocho miembros humanos, uno peludo y con demasiados instrumentos de cuerda y de percusión.

Recuerdo que cada noche mis hermanos, uno a uno, iban apareciendo en mi habitación (menos el mayor, que se dormía leyendo), y todos terminaban en mi cama. Con la piel de gallina aún recuerdo a mi hermana de ojos de agua, la pequeña… que hasta se traía el colchón para ponerlo en el suelo al lado del mío y dormir dándome la mano, un colecho improvisado. Guardo ese recuerdo de búsqueda de protección y complicidad con un cariño que compensa todo lo demás.

Qué más me dan ahora las peleas, los insultos o las desavenencias en veinte años de convivencia. Me quedo con la relación con mis hermanos y con aquella conexión mágica, con las bromas que solo nosotros entendemos, con las noches en que preferían dormir en un zulo conmigo a estar cada uno por separado, con los combates a muerte por el mando a distancia que terminaban con negociaciones por una camiseta, con los sustos, con las carreras por el pasillo para llegar a la mesa primero, me quedo con los intentos de tocar algo de música juntos y no afinar jamás ni media nota…

… con aprender a quererlos a pesar de haberles odiado tantas veces. Me quedo con las veces que los llevé al colegio de la mano por un arcén sin acera cuando no tenía edad ni para cuidar de mí misma.

Recuerdo haber sido y haber hecho más de lo que debía, por y para ellos. «Eres su espejo», me decían mis padres. Hoy en día, sé que no eran responsabilidad mía, pero estoy convencida de que si alguna vez mis hijos sienten que soy una buena madre, en parte es porque intenté ser una buena hermana primero.

Entonces, ¿dónde está el cambio de perspectiva con respecto a la gestión de los celos y las peleas? La clave está en:

- Aceptarlos como algo natural dentro del proceso de adaptación a la vida social.
- No intentar evitar el conflicto, enseñarles a gestionarlo.

Cuando estamos entendiendo quiénes somos y decidiendo quiénes queremos ser, lo hacemos en compañía de personas que están en ese mismo momento de crecimiento pero desde perspectivas únicas, por lo que es lógico que se tomen malas decisiones en grupo, que no haya gestión emocional y que la forma de acercarse sea conflictiva. Nuestros hijos no son peores por pelearse, no significa que tengan más problemas o que se vayan a llevar mal en el futuro. No tiene por qué, pero podría pasar si solo nos centramos en «que no discutan».

Centrándonos en el aprendizaje a largo plazo y en la búsqueda de soluciones a los retos, las peleas de hermanos deberían pasar a ser valoradas como oportunidades para generar recursos y habilidades sociales en nuestros hijos, por eso vamos a empezar a considerar esos momentos como muy importantes, pero sin darles importancia. Me refiero a la gravedad que les atribuimos. Una pelea o riña es importante por lo que va a aportarles a nuestros hijos si les dejamos que la gestionen, pero no es algo grave por lo que preocuparse. Debemos gestionar, no rescatar o anular el proceso de aprendizaje. Es tan importante como el juego, el movimiento o las actividades creativas. Es más, las incluye a todas.

¿Por qué y para qué se pelean los hermanos?

La mayoría de las veces podría ser por aburrimiento o para llamar la atención cuando, en realidad, todo empieza como una broma. En otras ocasiones puede ser una expresión de la búsqueda de venganza, para obtener poder o justicia cuando están enfadados de verdad.

Nunca vamos a ser capaces de averiguar el origen de los conflictos, y ya sabemos que no existen culpables, sino decisiones desafortunadas, generalmente, por ambas partes.

Siendo así, te regalo una frase que a mí me ayuda mucho: «A menor intervención, mayor aprendizaje». ¿Qué quiere decir esto? Que los momentos de discusión son suyos y no deberían depender de un árbitro o un juez para solucionarlos, porque si les ayudamos a gestionarlo, van a reclamarnos siempre. No se trata de evitar conflictos sino de enseñarles que el conflicto es humano, pero que podemos colaborar para solucionarlo, en lugar de enfrentarnos.

Y ahí está la gran enseñanza de vida para ellos: anímales a colaborar. Ayúdales a poner en valor el concepto de «cooperación» como una nueva manera de entender la convivencia en familia.

Estamos acostumbrados a la idea de que ganar en una situación implica siempre que otra persona ha de perder, y constantemente queremos ganar a nuestros hijos. Fomentamos la competitividad entre ellos cada vez que utilizamos la autoridad vertical y sin conexión emocional como herramienta educativa.

Nosotros ganamos, percibimos triunfo; ellos pierden, perciben derrota. Y, como ya vimos, es realmente complicado construir aprendizaje desde un sentimiento de fracaso. Es más difícil enseñarles a cooperar entre ellos para buscar soluciones a sus enfrentamientos si somos nosotros mismos los que luchamos contra ellos para conseguir obediencia, orden o llevar la razón. Si nos centramos en ganarles, fomentamos su búsqueda de poder a toda costa.

Además, en muchas ocasiones somos nosotros mismos los que activamos celos y discusiones en nuestros hijos y promovemos esa competitividad a veces tan útil para nosotros, y totalmente limitante para ellos. Como cuando decimos: «¡A ver quién llega primero!»; que es el recurso universal de los adultos con prisa.

¿Cuántas veces favorecemos que un hermano se sienta inferior a otro? ¿Cuántas veces los comparamos y utilizamos etiquetas? ¿Cómo intervenimos en sus conflictos?

¿Recuerdas esos momentos de los que te hablé, de carcajada en mitad de una batalla campal, cuando querías matar a uno de tus hermanos pero te hacía reír, deseabas matarlo aún más pero te hacías pis de risa? ¿Dónde estaban los adultos? Efectivamente, no estaban.

Confía. Las cosas se encajan, se abren espacios para los sentimientos reales, bonitos, aunque sean duros a veces.

Cuando no aprendemos a solucionar un problema con un hermano, crecemos en rencor, en temas no resueltos, no aprendemos a querer a quien nos ha dañado, a entender que el amor o el cariño no se rompe con una discusión, sino que ha de salir reforzado. Nuestros hermanos son nuestros compañeros de ese laboratorio social, en el que algunos días nos toca ser víctima y otros verdugo, en el que aprendemos las ventajas de ceder o los inconvenientes de querer ganar siempre.

Si los adultos interrumpimos ese proceso **imprescindible** para la socialización sana y productiva, les estaremos privando de todos los recursos para superar «obstáculos sociales» en sus futuras relaciones interpersonales.

Si en vez de intentar cortar de raíz los conflictos en cuanto les oímos discutir, cuando acuden a nosotros nos limitáramos a decir «Son cosas vuestras, estoy convencida de que podéis encontrar juntos una solución», les estaríamos dando el verdadero aprendizaje que hay detrás de los conflictos humanos.

La motivación y el empoderamiento los empujan a superar el mal momento, en vez de enquistarse en el bache de buscar nuestra atención o aprobación, o de querer «ganar siempre». Y de esa forma les estaríamos dando una nueva oportunidad de afianzar su autoestima, al sentirse capaces de generar sus propios recursos, sus propias herramientas de resolución de conflictos.

En otras situaciones, cuando el conflicto haya pasado, podemos darles ideas o hablar sobre ello, pero la discusión es suya, es su momento, su aprendizaje. Y es **maravilloso** comprobar, con el paso del tiempo, cómo son incapaces de herirse, cómo desarrollan la empatía, cómo se buscan para pedirse perdón sincero, cómo se mueren de vergüenza al darse un beso que les sale desde muy dentro, privado, solo suyo, sin que nadie les obligue, movidos por su amor fraterno.

Haz la prueba, **confía** en que tus hijos aprenderán a quererse bonito solo si pueden entenderse, soportarse, aceptarse y respetarse. Porque el **amor**, en todos sus matices, es una decisión... y están aprendiéndolo **ahora**. La única justificación para intervenir es su seguridad, que no se hagan daño; más allá de eso, sobramos.

Existe una forma respetuosa de intervenir si la discusión toma una intensidad difícil de manejar por su parte. Ya sea por una diferencia de edad, de madurez y de fuerza que les impida resolver el conflicto juntos; por una reacción que pudiera resultar peligrosa, o por cualquier otro motivo por el que consideremos necesaria nuestra participación, más allá de la supervisión. Debemos permanecer cerca de ellos sin transmitir enfado o desaprobación, aportando calma en el ambiente y sin hacer ningún comentario o gesto que pueda resultar desmotivante o incapacitante (del estilo de «¡Ya estáis otra vez!»). Podemos utilizar esta herramienta si su conflicto no nos exalta y podemos supervisarlo de la misma forma en que les veríamos jugar. Simplemente para estar cerca desde una postura de confianza y acompañamiento.

¿Qué sucede cuando el conflicto comienza a alterarnos?

Puede que la situación esté empezando a llevarnos al límite o que tenga relación con un lugar o una situación en particular. Puede que salir de ese ambiente sea la solución. ¿Cómo se hace? Les transmitimos a nuestros hijos que estamos viendo cómo discuten y «nos vamos» de la situación. Es curioso como, en casi todas esas situaciones, ellos nos siguen, nos buscan.

La pelea ya no es el foco, el foco somos nosotros. En ese momento, y ya fuera de «la zona de peligro», podemos incluirles en otra actividad, redirigir su atención hacia algo útil, que les permita colaborar o, simplemente, les ayude a calmarse.

A veces, es mejor separar: con una perspectiva inclusiva y de búsqueda de soluciones, si ya tienen edad para proponer posibles alternativas e ideas, podemos pensar entre todos, en familia, un posible juego o manera de separarles de forma respetuosa cuando realmente las cosas se pongan demasiado intensas.

Para hacerlo de forma efectiva debemos separarles siguiendo el guion establecido, decidido por todos, manteniendo siempre la seguridad y el respeto por sus procesos. En esos momentos, nuestros hijos van a estar muy alterados si realmente debemos intervenir. Es importante ser conscientes de lo que puede suponer una intervención sin la plena confianza y convicción por nuestra parte de que esa situación es negativa, pero vamos a aprender a transformarla en algo útil y productivo.

Dependerá de cada situación, pero sobre todo de la confianza con la que intervengamos. Como en cualquier otro momento de su camino de aprendizaje, nuestros hijos necesitan lo mejor de nosotros en sus peores momentos, necesitan que con nuestra forma de intervenir, si es que la situación lo requiere, seamos transmisores de seguridad y, a ser posible, de capacidad.

Y recuerda siempre que el hecho de que dos hermanos o hermanas discutan a menudo no significa que vayan a llevarse mal en el futuro, su relación está creciendo. Están aprendiendo, y para ello deben practicar, probar, equivocarse y recuperarse de los errores. Estás a tiempo de ayudarles a descubrir el tesoro de tenerse mutuamente.

Recordatorio

Las tres herramientas de intervención respetuosa en las peleas según la Disciplina Positiva son:

- Soportar: Permanece y supervisa sin intervención.
- Salir: Asegúrate de que te ven y sal de la situación.
- Separar: Siempre de forma respetuosa, y a los dos por igual. Sin juicios (decir quién empezó, o quién pegó, etc.).

Cómo hacer que tus hijos se lleven mal

1. Toma partido en sus discusiones «solucionando» las peleas.
2. Compáralos.
3. Favorece la competitividad con muchos «¡A ver quién gana!» y juegos no cooperativos.
4. No pases tiempo a solas con cada uno.
5. Habla de celos delante de ellos.
6. Etiquétalos: «la Gamberra», «el Simpático», etc.
7. Alaba y premia sus aciertos, castiga y reprueba sus errores.

12

Bullying

«Quiéreme tan inequívocamente que jamás me atreva a dudar de mí.

Quiéreme tan a pesar de todo y para todo que jamás piense que merezco menos amor de lo que simplemente soy.»

¿Qué lleva a un niño o a una niña a decidir que es una buena idea dañar a alguien? El bullying es un reflejo de cómo gestionamos la conexión. Es la venganza que trasciende el círculo familiar.

Cuando un niño se siente mal, buscará a sus figuras de apego. Pero no las buscará de una forma amable, aún no tiene recursos para compartir ese dolor de forma adecuada y lo proyecta. Necesita que le entiendan, e inconscientemente daña para ello. Les hace sentir a los demás su dolor.

Si sus figuras de apego, las personas a las que primero busca para sanar ese malestar, no están disponibles emocionalmente o no ven más allá de sus actos —y no entienden que lo importante no es que ese niño o esa niña se haya sentido ofendido, sino que necesita que lo entiendan y validen, que consiga esa conexión y esa compasión—, y le imponen castigos por su conducta o le ignoran, el niño o la niña buscará una víctima, alguien más débil en quien sí pueda descargar su dolor.

Una persona que está estable, que está bien, no daña a los demás de forma consciente. Una persona que causa dolor, es una persona dolida.

Cuando vas a rescatar a alguien que se está ahogando, no te espera tranquilo, te recibe con toda la coreografía de su miedo, salpicándote con el agua turbia del pozo en el que se ha caído. Hundiéndote en su fango. Y hay que remangarse para ir ahí abajo, y está oscuro y es difícil...

Pero aquí os estamos esperando, todos los niños que al sentir dolor y soledad, sin querer, por miedo, dañamos. Todos los niños que caímos en un sitio al que necesitamos que vengáis a buscarnos.

Sin culparnos por no haber sabido salir solos. Sin reñirnos por necesitaros.

El bullying y el maltrato son problemas sociales que ponen de manifiesto un fracaso. La educación basada en la mera modificación de la conducta visible es el origen y la causa de la incapacidad de muchos niños y muchas niñas de encontrar su lugar y de lidiar con el vacío de la desconexión emocional entre el mundo infantil y el de los adultos. Son el reflejo de la ausencia total de sentido de comunidad.

Sin herramientas para socializar desde la cooperación y el concepto de grupo, va a ser realmente difícil que nuestros hijos y nuestras hijas desarrollen estrategias sociales que les permitan afianzar la conexión consigo mismos y con los demás.

Es preciso orientar a los niños para que encuentren su lugar a través de experiencias que les ayuden a extraer aprendizajes de los conflictos, en lugar de educarlos de forma que entiendan la venganza y el daño a los demás como forma de canalizar su dolor, su soledad o malestar, porque eso es lo que interiorizan cada vez que les culpamos, castigamos y aislamos, en lugar de aportarles herramientas para cooperar y solucionar.

Aprender una lista de cosas no es complicado, lo difícil es estar intentando crecer mientras los demás ignoran tu necesidad de descubrir la vida y a ti mismo, mientras se empeñan en esa absurda lista de cosas que podrías aprender en unos minutos si tan solo pudieras sentir que te ven, que puedes ser.

Queremos «solucionar» el bullying estableciendo protocolos de intervención focalizados en la culpa y las actitudes negativas, basados en castigos y etiquetas, hacemos campañas de prevención que inciden en el problema de una forma superficial, con #hashtags (#noalbullying) que pueden visibilizar pero no aportan medidas reales.

El bullying se soluciona entendiendo las formas en que el ser humano proyecta el dolor y la soledad, comprendiendo que las personas aprendemos a tratar a los demás como nos tratan en la infancia. Por ello, es más urgente que nunca revisar qué están recibiendo nuestros hijos, cómo nos comunicamos con ellos y cómo nos ven solucionar los conflictos que surgen con ellos y entre nosotros mismos.

El patrón de la soledad es persistente. Se mantiene de generación en generación, porque una persona perdida, dañada por aquellos que deberían haberle cuidado, es una persona herida en lo más profundo de su ser, que va a sentir, pensar, decidir y trascender desde ese vacío.

Menospreciamos el trauma. Vivimos en un mundo que normaliza el ojo por ojo y ridiculiza el amor. Generalizamos de tal manera el maltrato que no concebimos lo que es y lo que supone. Por eso las relaciones humanas se están volviendo insostenibles. Porque de quienes necesitábamos aprender a socializar y a amar, aprendimos a temer, a imponernos y, si no, a castigar a los demás.

Necesitamos volver a aprender de nuestros hijos lo que significa amar sin condiciones.

Los villanos fueron las primeras víctimas de su película

En mi intento por educar a personas empáticas, me gusta decirles a mis hijos que no existe la gente mala, sino que a veces vivimos equivocados sin saberlo, nos sentimos solos o estamos dolidos, y eso nos lleva a tomar malas decisiones. Estoy convencida de ello, la maldad es dolor que necesita de compasión. ¿Recuerdas al demonio de *Moana*? Los «matones» no nacen, se hacen. Y es muy fácil hacer un matón, Igual de fácil que hacer una víctima. ¿Cuál es la receta más rápida y efectiva para hacer un «bully» en condiciones? Solo hay que mezclar tres ingredientes:

- Dolor emocional. Puede ser casual o infligido de manera consciente. Pero normalmente será suficiente con algo casual: un sentimiento de incapacidad relacionado con su rendimiento académico, unos celos mal atendidos, soledad o alguna necesidad social ignorada sin mala intención por parte de algunos adultos de su entorno.

- Una buena etiqueta limitante. Este es el ingrediente más barato. Basta con una gota. Una sola vez. Penetra tanto y tan fuerte en el alma misma de la persona que no hace falta utilizar más. «Dile a un león que es una hormiga y actuará como una hormiga.»

- Varios castigos humillantes. Todos los castigos son humillantes. He querido resaltarlo como cuando en las recetas de postres te muestran una posible presentación. Casi puedes paladearlo.

Luego hay que dejar cocer a fuego lento unos cuantos años, y listo. Ya tenemos a una persona «condenada» a no saber expresar su dolor de otra forma que no sea dañando a los demás. Una persona muy perdida. Alguien que está convencido de que su papel en la vida es hacer que los demás sientan la misma desdicha que él. Porque así lo ha malinterpretado. Así se lo han hecho creer o así ha aprendido a sobrevivir. La venganza es su meta, porque el dolor es desde donde recibe y expresa lo que le sucede.

Un ejemplo muy extremo y revelador para mí fue ver el primer capítulo de una conocida serie, en un canal privado, donde mostraban entrevistas reales a asesinos en serie reales, que esperaban su ejecución en el corredor de la muerte, en Estados Unidos. Hubo dos cosas que me impactaron profundamente. La primera de ellas fue comprobar que, en efecto, las principales víctimas de su historia habían sido ellos mismos. Todos tenían un pasado familiar durísimo, de maltratos, abusos, drogas, abandono, etc. Todos destilaban odio al describir sus delitos. Los narraban con una frialdad y una naturalidad pasmosa, pero yo también vi el dolor que se proyecta en una venganza. Lo sentí, de hecho. Me estremecieron tanto sus historias personales que estuve mal varios días. Cuánto daño y cuánto terror por no cuidar la infancia. Es obvio que se trataba de casos muy extremos, de gente que probablemente haya desarrollado otro tipo de problemas derivados de verdaderos traumas, con sus adicciones al alcohol y a las drogas, y también es verdad, estaréis pensando, que una infancia dura puede ser condición, pero no excusa, para ser un delincuente.

Muchos hemos tenido infancias complicadas y no vamos por ahí matando a nadie. Y no me olvido de la psicopatía y otras patologías psiquiátricas, que pueden trascender al factor meramente educativo. Pero esa gente estaba rota. Esas miradas vacías inspiraban terror, y para mí algo mucho peor: una soledad absoluta. Esa es la segunda de las observaciones que también me impactó profundamente. El programa se desarrollaba en dos entrevistas realizadas por el mismo periodista en un intervalo de varios meses. En las primeras entrevistas, los condenados se mostraban poco colaboradores, agresivos, fríos, chulescos y esquivos. A medida que la conversación avanzaba, el ambiente se iba relajando y salía **la persona**... o incluso yo diría **el niño**. Pero lo más impactante de la situación era que para la segunda entrevista esas personas habían cambiado. Algunos de ellos hasta se habían peinado y aseado para recibir al entrevistador. No por la cámara, sino por el **agradecimiento** de recibir esa visita. Era como si estuvieran recibiendo a un amigo de toda la vida. ¿Sabéis por qué? Estoy convencida de que la primera entrevista no había sido solo eso para ellos, había sido una oportunidad de conexión con otro ser humano que les preguntaba por sus sentimientos, y eso sí que me removió. Son personas rotas que han causado un dolor infinito a la sociedad, han matado y violado, han destrozado las vidas de cientos de familias, y la sociedad vuelve a hacer lo mismo con ellos, devolver y proyectar ese dolor en una venganza normativa: el castigo. La pena máxima, la muerte, el ojo por ojo precedido de la mayor pesadilla en vida: **el aislamiento.**

No es mi intención entrar en un debate sobre si los asesinos en serie deberían de estar en la sociedad o no, o sobre la pena de muerte. Son temas que se apartan mucho de este guion, pero quería usar este ejemplo tan extremo y tan real de la máxima expresión de venganza para ilustrar el círculo vicioso del maltrato y los abusos.

«Cuidemos las infancias, porque un adulto que daña es un niño que no encontró consuelo.»

Y ahora voy a matizar lo que he dicho hasta aquí, uniendo los tres ingredientes de la receta:

- El dolor. Como os comentaba al hablar de la necesidad de justicia como pilar del sentimiento de pertenencia, como estrategia de conexión a través del dolor, no es muy complicado vivir alguna situación que nos parezca injusta tanto en casa como en el entorno escolar. Si recordáis también el hecho de que nuestras creencias sobre lo que vivimos están basadas en nuestras percepciones e interpretaciones inmaduras y sesgadas cuando somos niños, es aún mucho más sencillo sentir que algo no es justo. Podemos ser unos padres absolutamente «justos», tener unos maestros respetuosos, pero ellos casi nunca lo van a percibir así. Por eso una sensación de injusticia o un dolor emocional no tiene por qué llegar a ser algo tan grave como una infancia rota por palizas o abusos. El desencadenante puede ser algo que para nosotros carezca de importancia, pero que para ellos sea realmente grave. Una respuesta equivocada a una pregunta del profesor, un amigo que no le saluda en el autobús, una profe que no le felicita por un dibujo bien hecho, una reprimenda, un «No podemos comprar eso» al llegar a casa después de un día duro... Para ellos pueden ser grandes dramas. Así lo sienten, y son sentimientos de dolor verdaderos.

- La etiquetas (que, en mi opinión, son uno de los males de este mundo). Cuando un niño se equivoca, cuando una de sus actitudes se desvía de lo «normal» (lo habitual o lo esperado por adultos conductistas), o cuando no toma una buena decisión en un momento de resolución de conflicto, es decir, en una discusión o pelea, podemos hacer dos cosas: poner a todos los niños como participantes de una situación y potenciales «solucionadores» de la misma, o condenarlos a un papel que interpretarán en todas las siguientes situaciones parecidas.

No sabremos realmente qué ha pasado a ciencia cierta, porque el detonante pudiera ser una mirada, una mala interpretación o un «desborde» de algo que lleva pasando mucho tiempo y que nosotros no hemos visto.

En el momento en que uno sea «el Culpable» y el otro «la Víctima», ese será el patrón que seguramente creerán que se espera de ellos, o que intentarán evitar por todos los medios, proyectando esa urgencia en muchas malas decisiones.

Pero antes, mucho antes de llegar al conflicto y al dolor, las etiquetas van gestando futuras decisiones en forma de creencia equivocada.

Como os comentaba... ¿cuántos niños con cara simpática de bebés son «el Gamberro»?, ¿cuántos niños que tienen claro lo que quieren son «tercos» o «caprichosos»? y ¿cuántos niños serán «mimosos» o «pobrecitos»?

La teoría de la profecía autocumplida debería enseñarse en las clases de preparación al parto para dejar de decirles a nuestros hijos lo que son, y permitir que sigan siendo ellos quienes vayan descubriendo lo que quieren llegar a ser.

- Los castigos. Como toda buena pedagogía basada en el amaestramiento de la conducta, cuando alguien dañe o se equivoque, en lugar de averiguar de dónde viene esa necesidad de proyectar **su** dolor, o enseñarle formas respetuosas de hacerlo, vamos a hacerle pagar por ello. Vamos a alejarnos mucho más emocionalmente de él y a posicionarle en un lugar de incapacidad y culpa. Es perfecto para aprender a convivir, ¿verdad?

Castigar a alguien que hace daño a otras personas solo sirve para reafirmar su creencia equivocada: «Me siento mal y solo, me siento dolido, os voy a demostrar a todos lo que se siente». Debemos validar en los niños el dolor y la mala gestión del mismo cuando aún estemos a tiempo, para enseñarles alternativas a la venganza.

Cuando un niño tiene actitudes negativas, necesita siempre, en primer lugar, comprensión y acompañamiento. Cuando haya calma será el momento de aprender una mejor gestión para futuras ocasiones.

Por otro lado, sería muy positivo dejar de victimizar y comenzar a empoderar a los niños «víctima», que empiezan recibiendo pequeños gestos negativos por parte de sus compañeros, que van a más y se convierten en verdaderos casos de bullying porque no se han puesto los límites necesarios teniendo en cuenta las necesidades de las dos partes. Son niños acostumbrados a que se les rescate y, al mismo tiempo, a que no se les respete a base de mucha sobreprotección y demasiado control, por eso no saben poner esos límites a los demás y se convierten en «la presa fácil».

Muchos de los casos que llegan a ser bullying, que llegan a convertirse en un problema en una comunidad, parten de una pésima gestión del conflicto por parte de los adultos. Nos posicionamos como jueces o policías, nos enfrentamos en bandos y les damos un ejemplo de resolución de conflictos realmente pobre.

Además, estoy convencida de que es necesario y urgente naturalizar el conflicto. Las relaciones interpersonales conllevan el roce y la tensión algunas veces. En lugar de demonizarlo, podríamos llevarlo al aprendizaje desde el respeto a todas las partes y la confianza en que, con las herramientas adecuadas, poco a poco las interacciones serán cada vez más satisfactorias para todos.

No todos los niños tienen a las mismas edades una sensibilidad o una empatía desarrollada al mismo nivel. Sucede lo mismo con todos los aprendizajes. Por ello, se trata de darles herramientas para enfrentarse a esas diferencias a la hora de relacionarse, porque las va a haber y son, bien gestionadas, una fuente de adquisición de habilidades sociales inagotable.

Detrás de cada historia de bullying hay dos víctimas bajitas y una única responsable: una sociedad que, en lugar de ser ejemplo de convivencia para los niños, ignora sus señales de sufrimiento emocional, los empuja a herir cuando se sienten heridos, enseñándoles a vengarse castigándolos, los etiqueta en bandos de buenos y malos, los alienta a «ganar» en lugar de «cooperar» y, al sobreprotegerlos, les pri-

va de herramientas para enfrentarse a sus problemas y buscar soluciones.

Enseñemos compasión, cooperación y empatía. Descartemos etiquetas y demás condenas sociales.

Respecto a los ejemplos que reciben, ¿qué les estamos enseñando?, ¿cómo resolvemos los adultos nuestros problemas? Cuando una persona daña a otra, pone sobre la mesa sus propias carencias. Por eso es tan importante no etiquetar a los protagonistas como «víctimas» y «agresores», sino como niños a los que les faltan herramientas para solucionar sus problemas.

Seamos honestos y realistas, revisemos cómo respiramos nosotros ante un conflicto, y no olvidemos nunca que ellos nos miran todo el rato.

No culpes. No victimices. Acompaña sus procesos desde el respeto y la supervisión, sin juicios, sin quitarles la responsabilidad de sus decisiones. Necesitan conflictos ahora para aprender a salir de conflictos más graves en el futuro, pero siempre desde el acompañamiento respetuoso y seguro.

Escalada social del bullying
Cómo el estilo educativo puede ser generador de conflictos

1. Anulación emocional

Las emociones de los niños a veces no resultan convenientes para algunos adultos y por ello reciben mensajes negativos por exteriorizarlas: «No llores», «No te quejes», «No grites». Eso supone una negación constante de procesos infantiles necesarios. Los niños no desarrollan autogestión si no pueden experimentar con sus emociones en un ambiente de respeto y aprendizaje.

2. Etiquetado

Comparaciones, calificativos constantes: «Qué lista», «Qué gamberra», «Eres buena», «Eres malo». Los niños necesitan clasificar el mundo para entenderlo, los «atajos» que les proporcionemos para hacerlo en forma de etiquetas limitarán su mundo y les empujarán a malinterpretar que todo lo diferente puede ser amenazante.

3. Chantaje emocional

Les responsabiliza de las emociones de los demás desde la culpa, no desde el aprendizaje, impide la conexión real y siembra distancia y confusión. Por ejemplo, cuando les decimos: «Mamá se pone triste», «Me enfado, ¿eh?». Por otro lado, podrían aprender que no son responsables de sus emociones: «Que yo esté mal es culpa de otros».

4. Imposición de poder

«¡Porque lo digo yo, y punto!», «¡Te callas, que soy tu madre!». Los niños no entienden la autoridad como jerarquía u orden porque nuestro cerebro no está diseñado para obedecer una imposición. Podrían entender la autoridad vertical, las órdenes que no les tienen en cuenta como modelo de conducta: tener el poder es lo importante. Esto les empuja a la rebeldía y puede enseñarles a someter a los más débiles.

5. Castigo

No enseña a responsabilizarse de los errores. Enseña venganza. Cuando se sientan mal, en lugar de poder compartir su malestar, buscarán «castigar» a una víctima. Es la forma más sencilla en la que los adultos enseñamos a hacer bullying a nuestros hijos.

«Vas a pagar por lo que has hecho», «Debes sentirte mal por haber fallado»... son creencias equivocadas que podemos adquirir cuando, en lugar de herramientas para solucionar conflictos, recibimos represalias normativas al cometer errores.

6. Intervención en peleas

Los niños no desarrollan recursos para resolver sus conflictos. Los adultos siempre rescatan y victimizan/culpan de manera indirecta sin saber el origen de la situación. Los niños podrían aprender estrategias para utilizar esas intervenciones, como llamadas de atención o luchas de poder con los docentes, en lugar de aprovechar el conflicto como oportunidad de desarrollar estrategias de cooperación y resolución.

7. Condena social

A la «víctima» se la sobreprotege y se la deja sin recursos. Al «abusón» se le condena. Cada uno asume su papel. Todos son «víctimas» de una situación mal gestionada, porque, en todo momento, cada niño y cada niña pueden dañar y ser dañados. Ese es el aprendizaje para los adultos. Entender que no se puede condenar y juzgar a una persona por sus malas decisiones, nacidas normalmente de una necesidad no cubierta, de una carencia.

Propuestas para frenar el bullying

1. Ver detrás de las conductas disruptivas las necesidades que no saben expresar, y no juzgarles por ellas.

2. Validación emocional. No anular sus emociones sino acompañarlas y trabajarlas de manera preventiva.

3. Comprender los procesos infantiles. Ser consciente de que a cada edad no corresponde un nivel de maduración no limitante, sino todo lo contrario, pues en cada niño se dan unas variantes individuales basadas en sus propias experiencias.

4. Evitar etiquetas y comparaciones. Incidir en la diversidad como poder para el equipo.

5. Somos comunidad. Fomentar la colaboración ante conflictos y poner en valor, al mismo tiempo, la impor-

tancia de la identidad individual de cada alumno y sus aportaciones a ese grupo.

6. Revisar expectativas cada cierto tiempo. Acompañar su crecimiento en comunidad y ajustar lo que se espera de ellos a medida que van consiguiendo retos juntos.

7. Generar ambientes de cooperación, evitando competiciones, equipos enfrentados o el recurso «A ver quién gana».

8. Modelar la comunicación respetuosa y alentadora.

9. Sustituir los refuerzos positivos por el aliento y el acompañamiento de procesos que no buscan un resultado concreto o correcto, sino la adquisición progresiva de habilidades. Poner la atención en los esfuerzos y en los avances, no en los resultados.

10. Motivar desde el error como oportunidad de aprendizaje, en lugar de castigar o condicionar.

11. Trabajar la idea del compañerismo desde la compasión: ver fortalezas y debilidades de los compañeros como un valor para el grupo.

12. Trabajar la resolución de conflictos de forma preventiva mediante juegos o *role playing* en el que todos puedan representar todos los papeles de cada situación, y así empatizar con todas las visiones.

13. Dar ejemplo de sentido de comunidad promoviendo la colaboración entre la escuela y las familias, asumiendo que el bullying no se soluciona volcando la culpa en los demás, sino admitiendo responsabilidad social y modelando relaciones basadas en la cooperación.

En las sesiones formativas me gusta iniciar el debate sobre cómo la adaptación al grupo influye en el modo en que las familias y las escuelas terminan enfrentadas, acrecentando en gran medida el drama del bullying.

Cuando los niños empiezan la escuela, deben aprender nuevos códigos sociales para adaptarse al aula, al colegio, a las diferentes actividades, al ritmo del comedor. Cada nueva situación supone para ellos un cambio en su manera de decidir cómo pertenecer, cómo ser vistos y encontrar su lugar, con todo lo que eso conlleva.

Maestros, compañeros, rutinas, su propia percepción de cómo están encajando, su rendimiento académico, su sentimiento de capacidad respecto a todas esas «exigencias sociales», sus expectativas y creencias, todo va a influir y contribuir a que, después de cada pequeño cambio, el niño o la niña haga un reajuste. Cada uno de esos reajustes puede traer asociada alguna mala decisión, que traducido sería un mal comportamiento. Si lo exterioriza en el aula, los docentes podrían pensar en un entorno familiar que no «educa bien»; si, por el contrario, esas malas conductas derivadas de esos «ajustes» normales y esperables se dan en casa, las familias podrían pensar que la escuela o el maestro no lo está haciendo bien.

Juzgamos y nos posicionamos en una postura de culpa y de enfrentamiento sin tener en cuenta que no se trata de buscar un culpable, sino de trabajar juntos por y para el bienestar de nuestros hijos durante esa búsqueda de pertenencia a través de esos reajustes. Lo inteligente será siempre acercar posturas, desde la confianza en que los padres pueden carecer de ciertas herramientas algunas veces, o encontrarse bloqueados ante ciertos retos, pero siempre procuran lo mejor para sus hijos. De la misma forma que ciertos docentes pueden tomar decisiones que en un principio no ayuden a mejorar la situación, pero siempre lo harán con la mejor de las intenciones desde su vocación de entrega por el alumnado.

El bullying necesita adultos que cooperen y sean ejemplo de empatía, compasión y confianza.

Juntos aprenderemos a encontrar cada uno nuestro lugar, y si se presentan conflictos, roces normales que son consecuencia natural de las interacciones, les pondremos remedio desde la búsqueda de soluciones, no de culpables.

Si nuestro hijo llega a casa sintiéndose mal por algo que ha pasado en el cole, lo mejor que podemos hacer es validar ese dolor —aunque su forma de expresarlo no sea, de momento, la más adecuada—, para conectarnos con sus necesidades de consuelo, y acudir a los maestros o maestras desde la confianza, buscando conciliar y aportar con nuestra actitud habilidades sociales a nuestros hijos.

Los niños están aprendiendo a **pertenecer** a la sociedad. Los malos comportamientos no son más que malas decisiones sobre cómo ser tenidos en cuenta en sus grupos de referencia. Enseñemos a ser parte de un aula, enfocándonos en construir desde las fortalezas.

«Cuando queremos imponer autoridad a un niño, podría llegar a aprender que debe imponerse sobre otros para conseguir lo que quiere.

Cuando castigamos o excluimos a un niño, haciendo que se sienta dolido y culpable, podría llegar a aprender a vengarse y a hacer pagar a los demás su malestar.

Cuando chantajeamos a un niño para que haga lo que queremos, podría llegar a aprender a manipular a las personas para conseguir sus propósitos.

Cuando a un niño le hacemos ver que «mandamos» por el simple hecho de ser "mayores", podría llegar a aprender que puede someter a los más débiles.

Cuando gritamos a un niño por hacer algo mal, podría llegar a aprender que no tiene por qué trabajar su autocontrol si algo le molesta.

Cuando pretendemos enseñarle respeto faltando al respeto, podría llegar a perder la confianza en los adultos.

Cuando entrenamos a un niño para que acepte la imposición del más fuerte, podría llegar a aprender que no debe enfrentarse a un abuso.

Y aún debatimos de dónde viene el bullying.»

13

Familias imperfectamente felices

El error y el humor

Vas a ser todas las madres. La estresada, la gritona, la graciosa y la llorona. La pesada, la sobreprotectora, la despistada y la controladora. Vas a ser la madre tierna, la madre coraje, la de inventar cuentos e improvisar recetas. La del veo veo en el atasco y el abrazo refugio en la vacuna. Vas a ser el vaso de agua de madrugada, el «todo va a salir bien» entonando una nana. La de contar con los dedos en las fracciones. La de callarte los dolores, la de escaparte a bailar algunas noches.

Vas a ser el moño mal hecho llegando tarde y la de la foto perfecta en Instagram. La madre desesperada, la que se rinde y la que se levanta. La que guarda secretos y no se aguanta la risa. La que multiplica el tiempo y se divide a sí misma. La de coser el disfraz la noche antes y la de hacerles suplicar clemencia en una guerra de cosquillas.

Vas a ser todas las madres. Y ese es el secreto de este regalo, que te expande, te obsequia, te pone a prueba y te despierta el alma y la mirada.

Me siento afortunada. Porque he tenido la suerte de conocer en profundidad a muchísimas familias, de todo tipo, «tradicionales» y con infinidad de variantes maravillosas frente a la tradición. Y he sacado mis conclusiones no científicas, mis opiniones viscerales basadas en un factor totalmente subjetivo: vibración. He podido experimentar paz o total desasosiego con alguna de ellas.

Con todo este bagaje que pretendo seguir coleccionando, he concluido que hay dos claves fundamentales para vivir en familia sin dejar de crecer.

Después de todo lo que os he contado, quiero hablar de felicidad. De acostarse por las noches con la sensación de que nuestros hijos nos necesitan un poco menos y se quieren mucho más cada día.

Quiero hablar de recorrer la casa cuando todos están dormidos y respirar el ambiente de vida en el que están creciendo. Se puede aspirar a ser felices en familia. Debemos hacerlo, de hecho.

E insisto, porque hay muchas personas que, ante los retos educativos y la falta de soluciones para afrontarlos, se están rindiendo.

Circunstancias laborales, separaciones o enfermedades son factores que influyen directamente en la atmósfera familiar. Es la vida. Y no suele ser fácil, pero podemos escoger. Es una cuestión de libertad y responsabilidad al mismo tiempo.

Pero una vez más, con el automático encendido, se nos escapan por la ventanilla los matices del paisaje.

Ser felices en familia no significa pasar sin baches por la vida, significa trabajar juntos para transformarlos en el camino.

Hasta ahora queríamos intentarlo, queríamos pero no sabíamos cómo hacerlo. Ahora ya tenemos las llaves de esa tranquilidad de saber qué está pasando, de ser capaces de transformar nuestras tormentas en su calma.

Ahora nuestra felicidad es algo real, y solo depende de nosotros mismos.

A lo largo de todo este libro encontrarás muchas claves y herramientas para sentir y así poder transmitir lo básico y fundamental, que es desarrollar una conciencia de comunidad sana, entender un interés social natural que nos ayuda a sobrevivir y vivir aportando y recibiendo, creciendo y disfrutando juntos.

Pero quiero profundizar en algo que para mí es un comodín ante cualquier bache que surja. En esos momentos en los que ya has puesto todo de tu parte y, aun así, nada funciona. Son momentos en los que yo misma me he quedado sin recursos cientos de veces. No te das cuenta de que estás desbordada, cegada por una emoción que te bloquea, o agotada física y mentalmente, da lo mismo. Todas las estrategias de todos los cursos, de todos los gurús y de todas las abuelas no funcionan. Para esos momentos de «Me rindo» tienes dos opciones: dejarte llevar por el huracán de fuego que se está gestando dentro de ti o, simplemente, rendirte, pero de verdad.

¿A qué me refiero con «rendirse»? Rí(nd)ete, muy fuerte. Deja que tu sensación de fracaso e inferioridad te pinte cara de payaso, y con toda esa frustración, desármate para ellos. Has probado el fuego mil veces, has gritado, has desplegado ya toda tu coreografía de aspavientos… y nunca ha funcionado. Te reto a que respires y apagues el motor. Deja que salga mal, porque es en los momentos pequeños, en los caos de última hora de la tarde o cuando planificas algo y sale al revés, donde se puede perder el control… y no pasa nada.

Utiliza el recurso de quien ya no tiene recursos, o de quien ha entendido que la conexión es la verdadera prioridad. Utiliza el humor, les estarás demostrando que ellos sí te importan, por encima de todo.

¿Te recuerdas a ti misma de pequeña sintiendo a tus padres felices, riéndose? ¿Te recuerdas a ti misma compartiendo esas miradas cómplices tras una guerra de cosquillas o una gamberrada compartida? Si todo se nos va a ir de las manos, que sea la euforia la que nos inyecte en sangre las mejillas, y no la ira.

Si ya está perdido el día o el momento, vamos a dormirnos llorando de risa, no de rabia. Te lo digo en serio. Te lo prometo, me he visto en esos dos escenarios muchas veces. Prefiero, sin dudarlo un segundo, un caos de risa que un silencio de miedo.

Porque esto es, precisamente, lo que viene después del miedo a perder, ese que no era capaz de liberar la sociedad que en su día nos enseñó a obedecer. Sabrás que no puedes hacer nada, que te has equivocado cien veces ese día, que estás agotada y ellos están exigiendo el mil por ciento de tus recursos.

Va a pasar. Dales el resto, tu sonrisa cansada, llorosa o perdida, pero no dejes que un mal día o un mal momento te separe de ellos. No dejes que tu forma de «educar» al límite os aleje. Van a recordar lo que les hagas sentir, no si la cena está lista a tiempo.

Ya sé lo que estás pensando, «No-es-tan-fá-cil». Es verdad, no será sencillo mientras no le demos la vuelta a nuestra forma de ver el error; mientras no perdamos el pánico a dejarnos llevar, fluir; mientras no empecemos a confiar en ellos y en nosotros mismos. Para eso hace falta destruir muchos laberintos mentales, construidos a base de años de convencernos de que no debíamos fallar, y que el error es signo de fracaso y debilidad. Será muy complicado sacar el humor en situaciones tensas si no revisamos las expectativas, si no nos reconciliamos con nuestras imperfecciones y nos liberamos del juicio y de la culpa.

Sería un sueño poder limpiar de nuestros discos duros todo el dolor y los complejos que nos provocaron habernos sentido inferiores al fallar. Sería un sueño que nos hubieran enseñado que sin equivocarnos no se aprende, que el error no solo es un maestro, es una oportunidad. La consciencia de que no somos menos por equivocarnos, sino todo lo contrario, y aceptarlo, hacerlo útil y superarlo... es un superpoder, y nos libera del ancla de la irresponsabilidad, nos empuja, nos desbloquea y nos obliga.

No sabemos decir «Me equivoqué», nos da pavor, nos lleva a nuestra peor pesadilla infantil: «Soy menos que...». Cambiemos eso. Perdónate con carácter retroactivo. Mírate al espejo y agradécele al reflejo cada tropiezo, hazte la firme promesa de aprovechar, a partir de ahora, cada nueva lección de la vida. Hazte un juramento, firma un contrato privado con tu alma...

«Nunca más, culpa. A partir de ahora, consciencia y responsabilidad». Y solo así podrás mirar los errores de tus hijos con compasión. Porque esa niña que sigue agarrando tu mano, esa «tú» de hace años, te gritaba en la voz de tus hijos que equivocarse no es tan malo... y no le estabas haciendo caso. Y ni siquiera eso es culpa nuestra. Uno de los objetivos en la educación tradicional solía ser que las personas hiciésemos las cosas bien.

«¿Eres buena?», nos preguntaban. Pero ¿qué significa «bien»? Por eso, cuando tomábamos una mala decisión, recibíamos un castigo. Equivocarse, fallar, «portarse mal» era punible, y lo sigue siendo. Entonces, ¿cómo podíamos crecer de nuestros errores si, sencillamente, no debíamos cometer ninguno?

Ahora que vas a perdonarte y a celebrarte en todos tus comienzos, te pido que reflexiones sobre cómo nos dirigimos a nuestros hijos cuando se equivocan, ¿con comprensión, con desesperación, con compasión, con paternalismo, con faltas de respeto? ¿Cómo les estamos transmitiendo que cometer un error no es **ser** un error, no significa ser **menos**. ¿Cómo les estamos enseñando que todo el mundo comete errores y que, al hacerlo, es como aprendemos lecciones muy valiosas? Es mucho más fácil sacar fortaleza de un error admitido y superado que de un intento de ocultarlo. Es mucho más productivo un error con risas que una perfección ficticia.

El día que seamos capaces de dedicarle un homenaje a cada tropiezo, el día que miremos con confianza y compasión a los demás y a nosotros mismos, saldrá por fin el humor cuando sea necesario. Y entenderemos que no son las normas, no son los horarios cumplidos, no es el orden milimétrico o las rutinas asumidas lo que da felicidad a una familia. No son las caritas felices en la lista de tareas, es el proceso de intentarlo en un ambiente de cariño, de complicidad y de aliento. Y, así, todo lo conseguido será sincero, será aprendido e interiorizado de manera real. Todo lo que se aprende desde el amor, queda grabado en la piel como un tatuaje. Todo lo que les enseñes, justo antes de un carcajada, no se les va a borrar nunca del alma.

Las familias felices no son las que más lo aparentan, son las que confían y no dejan nunca de intentarlo.

Ingredientes para las familias infelices

1. LAS EXPECTATIVAS

Tus expectativas y las que les hemos enseñado a tener a nuestros hijos, las creencias limitantes e incapacitantes, son enemigas de la familia feliz. Porque los procesos de aprendizaje auténticos, los que realmente son eficaces, pasan por muchas fases y son únicos en cada persona. Pero nos empeñamos en compararnos, en esperar que se cumplan medidas o fechas estandarizadas. Nos obsesionamos por encajar en patrones.

Es hora de mirar a nuestras hijas y a nuestros hijos como seres únicos que no tienen por qué dar la talla en ninguna idea preconcebida, son inmensos tal y como son. Es liberador para todos en la familia desprenderse de la presión de una expectativa. Porque sentir que «decepcionamos», que no llegamos, es un flecha en lo más profundo de nuestra autoestima. Porque nos miente dos veces: primero nos hace creer que para merecer un lugar, un cariño, debemos parecernos a algo que no somos nosotros, y después nos remata con la certeza de que no lo hemos conseguido.

2. LA MALA GESTIÓN DE LOS ESTUDIOS

Cada día, a la salida del colegio de mis hijos observo el ritual de revisión de agendas y actualización de WhatsApps entre madres con mensajes tipo «¿El de mates era el miércoles o el viernes? ¿Qué traen para hoy?». Y me pregunto cómo pretendemos que nuestros hijos sean adultos responsables algún día. Confundir tu papel de guía y refugio con una versión agotada e inexperta de profesor particular, agenda personal y tapadera de domingo a última hora, es un grave error.

Se puede estar a favor o en contra del trabajo fuera de las horas lectivas, pero en ningún caso deberíamos tener la sensación de que es nuestra responsabilidad.

Los deberes y el estudio basados en horas de memorización en una mesa o frente a una pantalla, lejos de ser una técnica de aprendizaje eficaz, es lo que ahora mismo tristemente tenemos. Podría mejorar muchísimo, es verdad, pero recuerda que todo puede ayudarnos a enseñarles y a practicar habilidades muy útiles para su vida.

Los niños son investigadores y científicos natos. Es la forma en la que hemos estructurado los años y los días de estudio lo que les arrasa la motivación. Puede ser, pero recuerda que vamos a decidir, a partir de ahora, que recibiremos con libertad responsable la vida que nos va llegando. ¿Por qué no sacarle provecho?

Una actitud rescatadora, una tarde de enzarzarse porque no quieren sentarse a hacer los deberes, un «Te avisé, ¡castigado!» ante un suspenso... no educan y empujan a la desidia y a la falta de motivación e interés.

La única gestión adecuada de los estudios es darles toda nuestra confianza y todo el ejemplo posible.

Una familia a la que le gusta aprender, que es curiosa, que investiga, que se hace preguntas, que busca soluciones, que valora los esfuerzos a medio plazo sin obsesionarse con los resultados, que valora los intentos y alienta a los progresos... es una familia en la que es más difícil asociar los estudios con un mal momento. Una familia en la que se maldicen los lunes, en la que se percibe el esfuerzo a medio plazo como una tortura, en la que el objetivo por alcanzar es «no tener nada que hacer»... es una familia en la que probablemente cueste bastante hacer el sacrificio diario de estudiar.

Por otro lado, el pilar de la confianza sirve para depositar en ellos de forma respetuosa y efectiva la verdadera responsabilidad de su gestión.

¿Quieres unas cuantas ideas para alimentar su curiosidad insaciable? Apagad la televisión y todos los aparatos que haya que cargar. Haceos preguntas, coged la enciclopedia Larousse del trastero y mirad los pies de foto, y reíros de cómo ha cambiado todo.

Sentaos frente a la bola del mundo y contadles vuestros viajes, mirad por la ventana e investigad sobre cualquier cosa que veáis, retad sus mentes infinitas con acertijos, trabalenguas, adivinanzas y canciones en otros idiomas.

Que no pierdan nunca el gusanillo por buscar, descubrir y crear. Cambiad los «¿Hoy tienes deberes?» por un «¿Cómo vas a organizarte la tarde?». Cambiad un «¿Aprobaste?» por un «¿Estás contenta con tus notas?». Que no les falte nunca aliento incondicional basado en la confianza en sus procesos, no en los resultados inmediatos. Haced que el estudio sea suyo, que sea una continuación regulada de ese gusto por descubrir la vida. Y hacedles cada noche estas dos preguntas:

- ¿Qué has aprendido hoy?
- ¿Estás preparada para todo lo que vas a aprender mañana?

Si conseguimos mantener y avivar cada día la llama de la ilusión, sus años de «educación de memoria y pupitre» no van a apagarla, van a ser un paseo. Porque lo más importante es que todo esto que te cuento no sirve para que quieran estudiar, sirve para que, a pesar de todo, nada les quite las ganas de aprender.

3. LAS ETIQUETAS

En un ingreso rutinario en mi embarazo de Yago, tuve una compañera de habitación que esperaba una cesárea programada de sus mellizos. Por lo visto eran niño y niña. El niño estaba en cefálica y preparado para descender, pero la niña estaba muy alta y en transversal. Ese era el motivo de la cesárea. Solo nos separaba una cortina y yo pude escuchar inevitablemente todo lo que comentó con las visitas que tuvo durante las 24 horas que estuvimos juntas:

- «Mírala a ella, me va a salir rebelde, no ha nacido y ya es enrevesada»
- «¿Has visto la que me ha montado? Va a ser de armas tomar, ya la estoy viendo venir»
- «Pobre hermano, a saber las que le habrá liado ahí dentro al pobre. Esta niña viene rabuda»

No os podéis imaginar la de veces que salí de la habitación para no meterme en la conversación y suplicarle que dejara de condenar de por vida a esa pobre niña indefensa. Porque eso son las etiquetas, cadenas perpetuas.

Muchas familias ponen apodos cariñosos sin darse cuenta de que limitan lo mismo que una etiqueta negativa. «La Gordi», «el Campeón»… y la peor, «la Guapa».

Es una falta de respeto muy sutil, y muchas personas me llaman «Exagerada», me dicen que no debemos ser tan susceptibles como para «traumatizarnos» por un apodo. Claro que no, no tiene por qué ser un trauma, de hecho muchos apodos son llevados con orgullo y cariño, porque se entiende que vienen desde el amor, pero ¿y si no? ¿Y si justo el apodo o la etiqueta marca una diferencia y se enquista en inferioridad, o marca una cualidad y se convierte en un peso sobre los hombros? «Prudencia» sería la palabra que resume este apartado.

4. LAS PRISAS Y EL AHORA

En el siglo XXI las prisas son muy inevitables si no podemos dejarlo todo y mudarnos al campo. En realidad, es el hecho de no darle tiempo y espacio a los procesos lo que les «mete prisa» a nuestros hijos. Es el hecho de no respirar los problemas desde la conexión y buscando momentos de receptividad, por su parte y por la nuestra. Querer «educar» ahora, cuando estamos nerviosos, cuando no hay tiempo para escucharse de forma respetuosa, cuando estamos pendientes de cuatro cosas a la vez, no es efectivo. Causa mucha frustración y sensación de urgencia. Los niños crecen con esa prisa, con ese «ahora» en sus procesamientos, y se bloquean, o se desbordan.

Es mucho más efectivo esperar y buscar espacios, que dejarse llevar por una reacción. Actuar no es reaccionar, recuerda.

No dejar tiempo es no confiar. Les transmite la sensación de que todo debe estar bajo nuestro control, y les priva de la capacidad de ser partícipes de lo que sucede, les impide saber esperar a que las cosas que realmente nos conectan y educan ocurran por sí mismas, como pedir perdón, por ejemplo. Después de un momento de disputa, solemos «obligar» o recomendar a nuestros hijos que pidan perdón. Esa es la forma de que no aprendan a sentir la necesidad de disculparse. Dale tiempo a la situación. Deja que la empatía que aún no se les ha olvidado haga su efecto y sientan haber dañado a otro. Dales tiempo para experimentar la necesidad de disculparse por sí mismos. Dales tiempo para que vuelvan de su habitación después de haberte hablado con mal tono y te den un abrazo, sin que tú les digas nada. Que les nazca desde la conexión que sienten contigo y desde el ejemplo que les das cuando tú haces lo mismo.

Deja que sientan y vivan su realidad. Dales tiempo.

5. EL «TODOS LO HACEN»

La felicidad y la libertad se basa en la toma de decisiones valiente y consecuente con tus ideas. Suena a topicazo pero es así. Si te ves dejando que sucedan cosas en tu familia porque «Todos lo hacen», vuelve a tu brújula y pregúntate si, realmente, eso que todos hacen y a ti no te convence te lleva de forma responsable y respetuosa a enseñarles esas habilidades para la vida que querías aportarles. Si no es así, no dudes ni un segundo, porque la sociedad, tus vecinos o las familias de sus compañeros de clase no son los que tienen la responsabilidad y la capacidad de educar a tus hijos, eres tú. Y es maravillosamente intenso. Es una prueba constante que te va a dejar muchas veces con la duda y otras muchas en alerta. Pero no olvides nunca que eres responsablemente libre. Puede que alguna vez te equivoques, tanto si decides ir con la marea como si prefieres ir a contracorriente, pero esos errores son tuyos, puedes intentar repararlos. Si otros deciden por ti y sale mal, puede que solo te quede arrepentirte, y nada más.

Te sorprenderías de la cantidad de familias que, como tú, no están convencidas de muchas cosas. Recuerda tu propio sentido de comunidad. Busca tu tribu, apóyate en gente que piense parecido a ti. Eso te liberará del «**Todos lo hacen**». A veces asusta y duele, porque ir a contracorriente requiere mucha más energía que dejarse llevar. Y es que hay veces en las que ese dejarse llevar es fruto del cansancio, del bloqueo por estrés o de poner el «automático» por un exceso de confianza. No olvides tampoco cuidar tu descanso y equilibrio antes de decidir.

6. LA TECNOLOGÍA

No soy experta en la materia, pero soy adulta en un mundo totalmente digitalizado, y me da miedo. Pertenecemos a la última generación que nació y creció en analógico y se pasó a lo digital habiendo **disfrutado** de una vida sin wifi ni batería. Creo que se nos ha ido de las manos. Puede que en este tema tenga una visión demasiado subjetiva, pero a mí, todo lo que se aleje de nuestra esencia natural de mamíferos pensantes, todo lo que nos haga anular nuestros instintos y desconectarnos de nuestra propia identidad, no me cuadra.

Es maravilloso tener el Universo a un clic, pero creo que el precio que hay que pagar es demasiado elevado. Dilo en voz alta: hace veinte años no había nada de esto y éramos felices, y llevábamos millones de años en este planeta, sin necesidad de WhatsApp o Instagram. Ahora no sabemos vivir sin eso.

En resumen, estoy convencida de que la adicción y la mala gestión de la tecnología es nuestra, no de nuestros hijos.

Vivimos enganchados a un smartphone y se lo negamos todo lo que podemos. Cuando llevan años viendo cómo miramos más una pantalla que a sus caritas, insisten hasta conseguirlo, y luego rematamos la jugada usándolo como un elemento de chantaje.

Para estudiar, como castigo, cada vez que no hacen algo que queremos. Es terrible, y doblemente nocivo. Por un lado es un estimulante más adictivo que algunas drogas consideradas peligrosas, y por otro, lo gestionamos de tal forma que nos aleja de nuestros hijos por todas las batallas que ocasiona.

Os voy a contar una anécdota. El año pasado, Antón empezó primero de primaria y su profesor, un maestro con muchos años de experiencia, nos explicó cómo usar la aplicación de la plataforma online del colegio para comunicarnos con él, pero nos pidió que, si necesitábamos mandarle un aviso, escribiéramos una nota y se la diéramos a nuestros hijos para que se la hicieran llegar a él. Un padre levantó la mano y preguntó: «Y eso, ¿para qué, si ya existe una aplicación comodísima?». A lo que el maestro respondió: «Para que vuestros hijos os vean escribir».

Volvamos un poquito allí. Aquí, a la realidad. A este lado de la pantalla está todo lo realmente importante. Volvamos a las notitas, a la foto desde la cámara, a leer en papel, a buscar una palabra en un diccionario, a llamar desde un teléfono fijo.

Les estamos negando a nuestros hijos todo lo auténtico de la vida, que no solo es real, sino que nos hace crecer. Nosotros fuimos además mucho más libres. El hecho de que ahora esté todo a un clic en una pantalla, les afecta de dos maneras: la sobreestimulación sensorial y el atajo cerebral constante. No es lo mismo para un cerebro leer sobre un papel que sobre una pantalla iluminada, pero tampoco es lo mismo deslizar un dedo que pasar una página. Este simple gesto requiere mover más músculos y coordinación. También entre teclear o tener una caligrafía legible, unos gestos que parecen pequeños, hay mucha la diferencia.

Mi consejo es: empecemos a hacernos las preguntas que nos lleven a un equilibrio, cuanto antes, porque el mundo de la tecnología hace tiempo que se nos fue de las manos.

¿Has visto la película *WALL-E*? Creo que el asunto del punto anterior, el «Todos lo hacen», tiene mucho que ver con nuestras decisiones sobre la tecnología en casa. Decide y toma las riendas.

Ingredientes para las familias felices

1. LA BELLEZA

La música, la poesía, la pintura, el arte en general... la belleza alimenta el alma. Está en todas partes pero cada uno de nosotros la encuentra de forma diferente, allí donde nos sentimos llamados, donde esa melodía, esa luz o la visión de ese retrato nos estremece y nos toca por dentro.

Los niños todavía tienen intacta la sensibilidad a la belleza, aún no se han contaminado de la indiferencia. Miran con pureza y por eso aún captan muchos de los matices que a nosotros se nos escapan. Rodea a tus hijos de oportunidades de belleza: un atardecer, un artesano moldeando una pieza de barro, un anciano leyendo un poema o un músico callejero tocando con los ojos cerrados.

2. LA NATURALEZA

La naturaleza es volver a casa. Recuerdo la noche de San Juan de 2009. En ese momento trabajaba en una oficina y en una cafetería. Lo mío con el pluriempleo es algo crónico. Fue una temporada agotadora y no veía la hora de tomarme unas vacaciones. Estaba harta del coche, del asfalto, del olor a tabaco y de la pantalla del ordenador. Pero esa noche, cuando fuimos a la playa y encendimos una hoguera, hundí mis pies descalzos en la arena y una sensación de descarga me invadió el cuerpo entero.

Pisar la arena, respirar la brisa del mar, notar el calor del fuego en la piel y escuchar el ritmo de las olas me colocó en mi lugar. Me llevó a aquellas noches de San Juan con mamá en el pueblo y literalmente me hizo cantar como si mi voz se transformara en un instrumento, como si hubiera estado años guardada en un desván, desconectada de mí misma, viviendo en otra frecuencia, desafinada.

¿Nunca habéis dormido la siesta en un bosque? ¿Nunca os habéis sentido abrumados por la majestuosidad de un paisaje de montaña, por los colores de un atardecer de otoño? No sé en qué momento decidimos que no necesitábamos nuestras raíces, que podríamos construirnos unas nuevas de acero y hormigón, y de plástico. No permitáis una infancia sin barro para vuestros hijos, sin árboles a los que trepar, sin insectos que perseguir. Todo lo que somos y debemos aprender está ahí, a un bosque de distancia. Llénales la vida de cambios de estaciones y de aves que se van para volver, enséñales que la naturaleza es abundancia, es respeto y es hogar.

3. EL SUELO

A sus pies, en el suelo, por humildad, por comodidad y por conexión. Siéntate en el suelo, arrodíllate en el suelo, túmbate en el suelo. No solo cuando sean bebés, no solo cuando quieras jugar. Ponte a su nivel no solo para hablar, no solo para no estar más altos, sino con el fin de estar disponibles para ellos, para que a ellos no se les pierdan abrazos en el camino por vernos desde abajo. Hay que estar cerca para sentirnos todos iguales.

4. EL NADA A CAMBIO

Ofrece a tu familia oportunidades de experimentar situaciones en las que nuestros actos no tengan como consecuencia obtener algo para nosotros, sino para los demás. Debemos intentar que nuestros hijos vivan y sientan interés social ofreciendo su tiempo, su creatividad o sus recursos en pro de una causa o de un grupo desfavorecido.

Poder hacer actividades de voluntariado o relacionadas con un movimiento social, ayuda a nuestros hijos a mirar desde la cooperación y el agradecimiento, haciendo germinar en ellos la generosidad y la empatía.

Educando con condicionantes, siempre buscando premios o evitando castigos, estaremos impidiendo que nuestros hijos entiendan no solo las consecuencias de sus decisiones para sí mismos, sino para los demás.

Nos centramos en preparar a nuestros hijos para la vida, les apuntamos a clases de idiomas y a veces no nos damos cuenta de que el idioma universal es la empatía. Ver otras vidas, otras situaciones y conocer a personas que dedican su tiempo a construir un mundo mejor, afianza su sentido de pertenencia, de esperanza, de humanidad. Una familia que ayuda unida es una familia indestructible.

5. LA ESPIRITUALIDAD

Este es un punto para mí muy importante y controvertido. Soy consciente de que una persona espiritual no tiene por qué dejarse llevar ciegamente por el guion de una u otra religión, sino entender que no somos el centro del Universo como entes individuales, que hay muchas cosas que nos trascienden y que somos mucho más que un cuerpo que siente y piensa. Para mí la espiritualidad es la escucha, la receptividad y el agradecimiento desde la humildad.

Tener la razón, ganar, imponerse... son los valores que realmente les estábamos transmitiendo a nuestros hijos desde una educación vertical en la que todo vale por y para conseguir obediencia.

Lo evitaremos si educamos validando procesos, mirando mucho más allá de los errores y valorando los esfuerzos, conectados con nosotros mismos y con nuestros hijos, y no perderemos nuestra esencia, ese fondo de luces y sombras que nos mueve.

La espiritualidad es la consciencia de un alma. Al haberse relacionado con las diferentes religiones, que en la mayoría de los casos se viven como una tradición, más que como una guía, se nos confunden a veces los principios y los valores, y entendemos equivocadamente la fe, la confianza consciente en que todo es para bien y para nuestro crecimiento, con un fanatismo ciego que nos aleja de los demás. Es una opción muy personal seguir o no los preceptos de una religión, pero sin espiritualidad no puede vivirse desde el alma.

Ser espirituales es haber entendido para qué sirve el ego, y cómo desplegar toda nuestra esencia para no dejar nunca de recibir y aportar. Ser espiritual es convertirte en el camino mientras lo recorres.

6. LA PIEL

A veces pienso que todos estamos hechos de la misma piel, repartida en diferentes cuerpos para poder recordar al tocarnos, que vamos y venimos del mismo sitio. Y nos buscamos con la urgencia del olor, el calor y el tacto, para no perdernos. Con solo un roce nos reconocemos en una descarga y nos saludamos con un escalofrío. La piel es el mapa del lugar feliz que anhelamos en cada caricia, en cada beso.

¿Cuántas veces al día tus hijos reciben caricias y besos tuyos? Tocar a nuestros hijos nos conecta con ellos como ninguna otra cosa puede hacerlo. El famoso «piel con piel» no debería de terminar nunca. Porque eso que no se puede expresar, entender o gritar, muchas veces se amortigua con piel, con el olor a casa, sincronizando latidos y ofreciendo tu calor como refugio

En una ocasión, mientras me hacía una ecografía para conocer a Yago, la ginecóloga nos dijo que seguramente sería un niño de «mantita en la cara». Y nos explicó que estaba colocado en mi útero con su cabeza totalmente escondida en la placenta, buscando calor y latido, conexión.

Y nos dijo que al salir al mundo los niños no necesitan mantita o «juguete de apego» tapándoles la carita, necesitan el tacto de nuestra piel.

Toca las caras y las manos de tus hijos, son zonas con muchas terminaciones nerviosas, para descargas de calor, amor y calma. Son piel.

7. LAS ACTIVIDADES CREATIVAS

Los procesos creativos son respuestas, son formas de devolver lo que recibimos, transformado con nuestra esencia. Tener el botón de la creatividad encendido hace que nuestros hijos puedan dar respuesta a muchas de sus necesidades de conexión y de significancia.

Poder experimentar, formarse una visión propia y materializarla es un modo de romper barreras de capacidad, les hace sentir que pueden decidir y les enseña a entender las consecuencias de sus decisiones. Además, poder explotar la imaginación es garantía de mantenerla y de hacer que no pare nunca de crecer, que no deje nunca de practicar y de recibir para devolver.

Si realizamos actividades creativas en familia estaremos propiciando muchas de las habilidades más importantes de su vida, porque podremos acompañarles mientras descubren, se equivocan, buscan soluciones y mantienen la mirada llena de curiosidad y de ilusión.

Podemos dibujar, cocinar, hacer manualidades, buscar el tesoro, inventar cuentos, etc., todo lo que saque su esencia a la luz.

8. Los «PIENSOENTÍS»

¿No sabes lo que es un «piensoentí»? Son muy fáciles de hacer y te transforman la cara cuando los ves. Todo el mundo debería utilizar muchas veces los «piensoentís» con sus seres queridos. Porque decirle a alguien que estás pensando en él o en ella en ese momento es una de las cosas más bonitas que puedes regalarles. Déjale una nota en la mochila, en la guantera o en el bolsillo de la cazadora; dibújale un símbolo que solo vosotros conocéis en el cristal del baño o escríbele una nota de aliento y ponla en la página del libro que se le atraganta, para que al abrirla y repasar antes del examen reciba esa versión de tu abrazo a distancia.

Usa muchos «piensoentís» en tu familia, y verás cómo sirven de apoyo a esa conexión tan bonita que estáis construyendo.

9. EL MOVIMIENTO

La familia que se mueve unida, permanece unida. Los niños necesitan moverse mucho para crecer sanos y, sin embargo, a lo largo del día están demasiado tiempo quietos. De hecho, se les transmite la idea de que «estar quietos» significa «ser buenos».

¿Sabías que los huesos crecen mejor cuanta más vibración los recorra? Cada vez que damos un paso, nuestras piernas impactan con el suelo, y este impacto genera una energía en forma de onda que recorre el cuerpo, los huesos. De esta forma se fortalecen.

Pero hay muchos otros motivos por los que moverse es más que recomendable: generamos hormonas de placer al mover músculos grandes, se crean conexiones nerviosas, se oxigena el cuerpo, etc. Moverse es vida, literalmente.

Practicar deporte en general, salir a caminar o correr, hacer yoga juntos, ir a recoger plástico a una playa, preparar la cena juntos, hacer limpieza general de la casa con música de fondo, bailar, hacer guerras de cosquillas… cuanto menos nos vean sentados, cuanto más nos movamos con ellos, más salud y más conexión generaremos.

10. Contarse historias

Recuerdo un viaje que hicimos el padre de mis hijos y yo cuando aún éramos novios. Nos fuimos en coche a Portugal. Iban a ser bastantes horas de trayecto y en aquella época no había USB para la radio del coche. Los CD ya estaban más que escuchados, así que decidí ir leyendo en voz alta mientras él conducía. Leí *Tuareg* de Alberto Vázquez Figueroa. Lo leí entero entre la ida y la vuelta y no os puedo describir con palabras el ambiente de paz que vivimos en aquel viaje. Escuchar historias, con el toque personal de quien te las cuenta, es una forma de recibir un regalo. Es toda una experiencia, un viaje. No estábamos conduciendo hacia Portugal, estábamos recorriendo el Sáhara en silencio.

Leamos con nuestros hijos mucho más allá de la rutina del cuento de buenas noches, que muchas veces, por ser tan rutinario, pierde el sentido y perdemos las ganas.

Mientras nos contamos historias reales o inventadas, organizamos una de títeres o montamos un teatrillo casero, escuchamos o nos contamos otras vidas, hablamos de otros lugares, de otras versiones de nosotros... salen sus gustos, sus miedos, sus emociones, su desinhibición y sus vergüenzas, y les veremos imaginar, transformarse, imitar, volar muy lejos... sin salir de la habitación.

14

Ideas revolucionarias para educar bonito: alternativas respetuosas, realistas y responsables

Es muy importante entender que la educación basada en el respeto mutuo es preventiva. No se centra en observar y modificar conductas en el momento en que se dan, se trata de acompañar el crecimiento de los niños aportándoles herramientas para aprender a convivir y extraer aprendizajes de todas sus vivencias, tanto positivas como negativas. Educar de manera consciente y positiva requiere una actitud compasiva, comprensiva y proactiva, ser capaces de entender los errores como motor de aprendizajes y anticiparse, no para evitar malos momentos, sino para propiciar que cualquier situación nos aporte habilidades nuevas.

Hemos hablado ya de las necesidades que hay detrás de las malas decisiones. Puedes avanzar mucho camino si te aseguras de que tus hijos perciben que las tienen cubiertas, o si perciben que son tenidos en cuenta por tu parte. Para ello es conveniente tomar en consideración las siguientes necesidades de tu hijo:

- Necesidad de atención: revisa cómo estás presente e **inclúyelo** en todo lo que puedas.

- Necesidad de poder: revisa si existe alguien que ejerza mucha autoridad en la vida de tus hijos, cuenta con ellos y **déjales decidir** todo lo que puedas, dentro de tus límites.

- Necesidad de justicia: valida sus momentos negativos como manifestaciones de incomodidad, frustración o dolor y acompáñalos desde el respeto. No es momento de aleccionar, sino de conectarse y ser incondicionales.

- Necesidad de capacidad: intenta evitar comparaciones, etiquetas, juicios o reproches, intenta no poner tu atención en lo que hace o no hace, intenta centrarte en sus esfuerzos y en enseñarle desde la curiosidad y el aliento.

Anticipándote a estas necesidades, tendrás la base de una relación lo suficientemente estable como para superar cualquier tempestad. Estarás haciendo sentir a tus hijos que te importan incondicionalmente de una forma inequívoca.

Recuerda que cuando tus hijos toman malas decisiones, «se portan mal», realmente están expresando un mensaje muy importante: «Solo quiero que me tengas en cuenta, pero todavía no sé muy bien cómo hacerlo».

Desde aquí hasta el final del capítulo, propongo una serie de **herramientas para educar bonito.**

Tú

1. CUIDADO

Ya eres consciente de que tus hijos se conectan con tu estado de ánimo. La primera herramienta es tu equilibrio. Recuerda el autocuidado, es fundamental. Revisa tu descanso, tu alimentación, tu tiempo libre.

Parece una obviedad pero el combustible que hace falta para educar de forma consciente es una energía limpia. Antes nos valíamos de la fuerza de la ira para mostrarnos contundentes, pero ya sabemos que lo arrasa todo. Ahora utilizaremos la luz y el calor de la calma para transmitir seguridad, esa calma que solo puedes alcanzar si te cuidas para cuidar. Ninguna otra herramienta va a funcionar si la aplicas desbordada o desconectada de ti misma. Empieza por ti. No es egoísmo, es inteligencia. Tu mayor y más rentable inversión eres tú misma. Te recomiendo movimiento, vida social significativa y actividades creativas, tres opciones que inundan tu cerebro con la hormona de la felicidad.

2. AUTOESTIMA

Sí eres capaz. Dilo en voz alta. No es difícil. Estás aprendiendo. Estás redescubriendo el lenguaje infantil, y, ¿sabes qué?, afortunadamente no hace tanto que tú también sabías hablarlo. Tú también querías que te dejaran en paz entonando tus «¡¡¡Yo solita/o!!!», tú también sentiste una vez que podías con todo. No busques hacerlo bien, busca que salga bonito. Siempre.

Incluso tu mayor fracaso, que sea una lección, no una oportunidad para sentirte culpable. Todo lo que has hecho hasta ahora te ha traído aquí, a ser más consciente, ha servido para algo, aunque en algún momento tus creencias equivocadas sobre los errores te hayan cegado de vergüenza o de culpa. Ahora ya sabes que eres capaz, porque has entendido que nunca vas a dejar de aprender, no hay límite. Y eso capacita, eso va a ayudarte a ver retos donde antes veías problemas. Lo estás haciendo bien, incluso a lo que no te gusta cómo ha salido sabrás darle utilidad. Eres capaz.

3. AUTOGESTIÓN

No olvides que las neuronas espejo son un canal de comunicación y de conexión instantáneo. Por eso, recuerda que si estás en un momento de «desborde», si crees que es complicado llevar la situación sin «reñir» o alterarte, es infinitamente más útil esperar, modelar calma y buscar otro momento de receptividad para enseñar o corregir.

Piensa que tus neuronas espejo también les transmiten inquietud si tú haces algo sin sentirte segura (dejarles con alguien, ponerlos en la silla del coche, dejarles hacer algo que requiera asumir la responsabilidad cuando son más mayores, etc.). Muchas situaciones se complican porque los adultos las abordamos estando tensos. Planifica y no anticipes lo que saldrá mal, porque así puede que suceda; busca alternativas y posibles soluciones preventivas desde la confianza.

A mí me sirve pensar que, aunque todo salga mal, ¿qué es lo peor que podría pasar? De ese modo, todos los miedos y tensiones se relajan.

Algunas ideas para fomentar la conexión

Antes de redirigir, debemos proponernos como guías, no como «los que mandan», por eso trabajar la conexión es lo primero. Es la única forma de que quieran aprender de ti. La confianza y el respeto parten de tu forma de hacerles sentir capaces y seguros, en sintonía contigo.

1. COMUNICACIÓN

Recuerda que los niños perciben e interpretan la realidad desde la inexperiencia. ¿Cómo les llega lo que les transmitimos? Para asegurarnos de que reciben lo que queremos expresar realmente, y para hacerles sentir que les escuchamos sin interferencias, puedes aplicar en cada caso las herramientas que te propongo:

- **Personas bloqueadas o personas resolutivas**

  La forma en que te comunicas con tus hijos puede servir para mucho más que la simple transmisión de información. A través de tu forma de dirigirte a ellos, de mirarles o de prestar atención a lo que perciben de tu lenguaje no verbal o del tono de tu voz, puedes conectarte con ellos o, por el contrario, construir un muro insalvable entre vosotros; puedes fortalecer su motivación intrínseca o minar su autoestima; puedes ayudarles a pensar por sí mismos o bloquear sus capacidades innatas. La comunicación eficaz es un pilar fundamental en cualquier relación interpersonal fluida.

  Estamos muy acostumbrados a los imperativos: «Recoge tu mesa», «Lávate los dientes»... Los hemos escuchado y es como indicamos a nuestros hijos lo que deben hacer. El problema es que no sabíamos que nuestros cerebros reaccionan ante las órdenes ejerciendo resistencia. Cuando alguien nos dice que debemos hacer algo, en un primer momento nuestro cuerpo va a activar los mecanismos de resistencia. Poco a poco, vamos aprendiendo a través del condicionamiento si esa orden nos conviene o no obedecerla, pero nuestros mecanismos siguen planteando la oposición como primera alternativa. ¿Cuántas veces damos órdenes a nuestros hijos? ¿Cuántas veces les hablamos en imperativo?

Si necesitas que tus hijos aprendan algo, ¿qué puedes hacer para que lo piensen por sí mismos? Si no es su mente la que crea esa respuesta, ese nuevo aprendizaje, por mucho que se lo repitas, jamás será suyo. Cambia la orden en imperativo por una pregunta que le implique en lo que tú necesitas que piense, en la conclusión a la que quieres que llegue. Cambia un «Coge el abrigo» por un «¿Hace frío en la calle? ¿Con la chaqueta es suficiente? ¿Qué necesitas?». No se lo digas, haz que lo piense. Aprenderéis juntos un nuevo lenguaje, el idioma de los cerebros siempre encendidos, que buscan respuestas y aprenden, a su vez, a formular preguntas. Además van a sentir que les tienes en cuenta, que ya no existe un muro de separación entre vosotros.

Un estilo comunicativo en imperativo bloquea el pensamiento y la conexión. ¿Cómo hacerlo, entonces? No se trata de preguntarle cosas sin más, se trata de que tiremos de su pensamiento. Nuestros jóvenes llegan a la adolescencia sin oportunidades para utilizar su potencial cognitivo. Entre nuestras órdenes constantes y los años de memorización de datos en la escuela, su madurez y recursos resolutivos dejan mucho que desear. El cerebro humano necesita problemas para crecer, necesita resolver, buscar, cuestionar, crear… y todo ello desde la conexión:

o «¿Esto es una buena idea?»
o «¿Qué podría pasar si decidimos esto?»
o «¿Qué viene ahora?»
o «¿Cuánto tiempo queda para que venga el bus?»
o «¿Tú qué opinas, esto es suficiente?»
o «¿Cómo vas a hacer esto?»

Cuando nuestros hijos son pequeños y aún están aprendiendo a hablar, podemos plantear preguntas mucho más sencillas y decir también la respuesta: «¡Está lloviendo! ¿Qué necesitamos? ¡El abrigo!». Podemos ir eliminando sílabas para que ellos completen la palabra: «¿Llueve, cariño? ¿Qué necesitamos? ¡El pa-ra-… guas!».

Podemos partir desde lo más simple o desde lo que más les ayude a utilizar su mente, adaptando el lenguaje a su edad, madurez y experiencias.

Un apunte importante: hablar mediante preguntas es un estilo que nos conecta y «tira» de su potencial resolutivo, pero no hay que obsesionarse con ellas o sentir que hemos fracasado si alguna vez no quieren o no saben contestar o llegar a ciertas conclusiones.

Se trata de plantearles retos, de que todo pueda ser emocionante y divertido. La pregunta les motiva a buscar, les hace sentir que les incluimos, pero a veces no funcionará, por cansancio, falta de inspiración por nuestra parte, etc.

Poco a poco, practicamos y vamos avanzando juntos.

- **El criterio propio frente a la dependencia de aprobación y opiniones externas**

La diferencia entre cómo de auténticos o dependientes de opiniones ajenas sean nuestros hijos depende, en gran medida, de cómo acompañemos sus logros.

Tenemos la opción de alabarlos con cumplidos —«Muy bien» y «Estoy orgullosa de ti»—, generando una respuesta placentera instantánea muy potente en sus cerebros, que va a «cablear» sus circuitos para buscar esa «recompensa» tan poderosa, o por el contrario podemos alentar sus avances desde el respeto, haciendo que se sientan orgullosos de sí mismos, se sientan capaces y motivados para aprender.

Con «los niños buenos» sucede que reciben constantemente alabanzas por su buen comportamiento, pero estas alabanzas no permiten que tomen decisiones sobre sí mismos, sino que ponen el foco de atención **fuera** de sus sentimientos y percepciones: «Lo que importa es lo que el adulto piensa sobre lo que hago». A nadie le amarga un dulce, pero todos sabemos lo adictivas que son las alabanzas.

Mi intención es que entiendas la diferencia entre aplaudir y alentar, entre propiciar un caldo de cultivo para la baja autoestima o la dependencia emocional y ayudar a tus hijos a ser dueños de sus fracasos y triunfos. ¿Cómo se hace esto? Sustituye el «Muy bien» por una opción neutra, que permita a nuestros hijos juzgar por sí mismos lo que deciden. Puedes describir, preguntar o agradecer:

- «¡Has subido sola al árbol! ¡¡Con el miedo que te daba!! ¿Estás contenta?»
- «¡Te has esforzado y ha dado sus frutos, has aprobado! ¿Cómo te sientes?»

Sustituye todos los «Qué orgullosa estoy» por «Deberías estar muy orgullosa de ti misma», para que, a partir de ahora, todos sus triunfos sean suyos.

Puede parecer un cambio pequeño, pero resulta muy significativo de cara al tipo de felicidad que busquen de adultos, una «recompensa rápida y externa» u otra más reposada, obtenida con esfuerzo y a largo plazo.

Por otro lado, las alabanzas y los «Muy bien» podrían elevar el nivel de autoexigencia de los niños que no quieren fallarnos o sentirse menos si no reciben su «golosina» emocional.

No percibirán sus errores como parte de un proceso natural, y es posible que, en lugar de aprendizajes, les causen ansiedad y sufrimiento.

Como le sucedía a la compañera de clase «perfecta» que todos hemos tenido, que lloraba amargamente si no conseguía la mejor nota.

- **¿Eres precisa?**

La ironía, el sarcasmo, las indirectas, los gestos, los aspavientos, las miradas… transmitimos mucho más por lo que no decimos que por las palabras que usamos. Una misma frase en dos tonos de voz diferentes puede dar dos mensajes totalmente distintos. Es importante fijarse en cómo miramos, tocamos y nos movemos delante de nuestros hijos.

Una mirada de hastío frente a un vaso que se cae al suelo podría ser suficiente para que se sientan humillados. Tu mala cara es consecuencia del hartazgo o de las pocas ganas de limpiar ese desastre, pero la niña o el niño solo va a sentir que es debida a ellos, podrían percibir que estamos hartos de ellos.

- **Esto no; entonces ¿qué?**

Es muy positivo decir lo que **sí** pueden hacer, en lugar de lo que **no** debe hacerse. Si vamos a darles indicaciones buscando un momento de receptividad, cuando sea necesario, que sea en positivo. Es mejor decir: «¿Puedes hablar más bajito?»; en lugar de: «¡No grites!».

A los niños pequeños podemos indicarles lo que sí se puede explorar, jugar o tocar usando una herramienta muy útil: redirigir. Quiero matizar que debe hacerse de forma respetuosa, porque podríamos caer en una falta de respeto muy sutil, pero perceptible por su parte.

No redirigimos para que el niño no llore, se «porte bien» o «nos lo ponga fácil», no se trata de «despistar» sino de ayudarles a salir de una situación ofreciendo una alternativa positiva cuando no vayan a entendernos o no puedan estar receptivos.

Recuerdo que cuando era pequeña y mi madre quería corregirme, indicarme una forma mejor de hacer algo cuando me había equivocado, en lugar de decirme que lo había hecho mal o hablarme de forma urgente, tajante o imperativa, me decía: «¿Puedo enseñarte una cosa?»; y me corregía. Yo sentía curiosidad y conexión, ganas de ver qué quería decirme. Decir «¿Puedo enseñarte una cosa?», no lleva más tiempo que decir: «¡Qué desastre, hija!». Mi madre sabía que, o se conectaba conmigo, o yo no querría ni mirarla, porque muchas veces, al corregir, **humillamos**. Por eso es importante indicar una forma mejor de hacer las cosas, no incidir en el error. Recuerda que las percepciones de los niños impactan siempre contra su sentimiento de pertenencia; un día en que haya recibido varias «correcciones» de los adultos, puede hacerle sentir muy inferior.

Debemos tener en cuenta que están aprendiendo, y que desde la conexión y la compasión se generarán sentimientos de capacidad, mucho más útiles para aprender.

El tono positivo, en general, también puede amplificarse si añadimos a nuestro estilo comunicativo pequeños cambios que marcan una gran diferencia:

- «Tengo un viaje esta semana **pero** me da miedo volar».
- «Tengo un viaje esta semana **y** me da miedo volar».

¿Puedes ver el matiz? La segunda opción añade un toque proactivo: tengo miedo, debo ocuparme de él.

Ese «pero» de la frase anterior bloquea nuestra capacidad de hacer algo con nuestro miedo; la forma de plantearlo le da poder.

Intenta introducir este cambio y verás cómo tu cerebro y el de tus hijos empiezan a «cablear» conexiones mucho más «resolutivas».

- **¿Y cuando es NO?**

¿Serías capaz de decir «**No**» de una manera absolutamente neutra en una situación de tensión?

¿Cómo reaccionas cuando tus hijos vuelven a pedirte, una vez más, de forma muy insistente, algo que ya habíais hablado y que no puede ser?

Nuestros hijos entenderán mejor el «**No**» si se lo decimos sin humillación, hartazgo o culpa.

Porque cuando decimos un «**No**», podemos estar transmitiendo un «No» a lo que piden pero también un «No» a ellos y a su autoafirmación.

Es por ello por lo que ser capaces de usar en estos contextos la seguridad y el respeto, diciéndolo sin matices negativos en lo que a lenguaje no verbal se refiere, les ayuda mucho a discriminar entre un «No» como límite respetuoso y un «No» por autoridad impuesta.

- **Contacto**

En muchas ocasiones hablamos de más sin ser conscientes de que nuestros hijos pocas veces nos escuchan, en especial cuando utilizábamos imperativos para casi todo.

Ahora vamos a ayudarles a pensar e implicarles en la conversación haciéndoles más preguntas, y además podemos intentar usar siempre que podamos el contacto.

Cuando queramos que nos acompañen, podemos cogerles de la mano y hacerles un guiño, podemos establecer gestos especiales para algunos momentos, o simplemente quedarnos mirando mientras esperamos sus respuestas, sin interrumpir o terminar sus frases.

Podemos mezclar el contacto con el humor y hacerles cosquillas cuando queramos que dejen un juguete, hacerles un «placaje» divertido que «rompa» un mal momento y cogerles en brazos para hacerles sentir nuestro cariño.

Existen mil formas de sustituir las palabras que no van a escuchar, por el contacto; te lo van a agradecer.

Además, podemos perfilar cómo les hablamos para obtener más atención por su parte; podemos ser más «atractivos» para el momento en el que se encuentren. En el caso de los niños pequeños, por ejemplo, hacer hincapié en la sorpresa y la pregunta, cuando les contamos algo, es un imán para su atención: «Entonceeees, vino el cangrejitooo y… ¿sabes qué pasooó?…».; sus ojitos se abrirán mucho deseando que sigas hablando.

- **¿Les hablas o hablas CON ellos?**

Pon en común, conversa. Es obvio que el desorden no le gusta a papá, pero ¿qué opina Carlos, de 7 años, sobre ese desorden? Pon en común tus necesidades y deseos adultos, lo que te molestaba y lo que te gustaría. Cuéntaselo en un momento en el que pueda escucharte —no cuando acabas de maldecir por pisar descalza una ficha de lego—, sin expectativas o culpas. Solo expón, ofrécete a tus hijos. Busca un momento para hablar con tus hijos poniendo interés en lo que ellos captan, piensan y opinan de esa situación, que es común. Es un tema que os afecta a todos y del que todos aprenderéis.

¿Has pensado alguna vez que ellos pueden darle un giro a las situaciones con su mirada abierta de imaginación desbordante?

Puede que no encuentres soluciones para esa ficha de lego fuera de su sitio, pero habrás mantenido una

conversación con tu hijo, os habréis recargado de conexión y seguro que los dos habréis aprendido algo.

- **Escucha**

Escuchar de forma respetuosa es una arte. Nos cuesta encontrar el equilibrio entre acompañar, enseñar, recibir, opinar, etc., y con nuestra forma de hacerlo podemos fomentar en nuestros hijos las ganas de acudir a nosotros o todo lo contrario... ¿Qué tal si solo recibimos, validamos y damos *feedback* positivo?

Si nuestros hijos nos cuentan algo, podemos centrar nuestra atención, escuchar sin emitir juicios y hacerles notar que estamos recibiendo información, con gestos afirmativos, de curiosidad, tocándolos, haciendo preguntas sobre el tema («¿En serio? Y tú, ¿qué le dijiste?»).

Si cuando necesitan contarnos algo, reciben nuestro respeto a sus pequeñas historias, no crecerá en ellos la sensación de que les falta y necesitan buscarlo de manera urgente. Estaremos evitando que caigan en las llamadas de atención.

3. MOTIVACIÓN

Tus hijos han nacido con toda su motivación intacta. La forma en la que acompañemos su crecimiento va a determinar si la conservan y crecen con ella, o si, poco a poco, se hace cada vez más pequeña.

Hasta ahora juzgábamos sus conductas como «buenas» o «malas»; te propongo verlo todo como un crecimiento, las buenas y las malas decisiones. ¿Cómo mantener su motivación intrínseca? He aquí algunas ideas:

- El error sirve para solucionar, no para culpar. Mostrémonos compasivos y comprensivos.

- Su referente es tu confianza en que todo puede ir avanzando. Esa confianza es devuelta en forma de agradecimiento por su parte. Cuando alguien a quien admiras confía en ti, no es que evites defraudarle, es que quieres agradecer esa confianza incondicional depositada.

- Evitemos posicionarnos en «bien» y «mal», y probemos a lanzar siempre la misma idea: «Te veo, adelante». De esta forma, el mensaje puede ser el mismo y no está condicionado por el hecho de si el niño toma buenas o malas decisiones.

- Evitando comentarios que impliquen juicios de valor, sustituyéndolos por descripciones o preguntas que pongan el foco de atención en cómo se perciben, será más fácil conectarse con ellos y sembrar la confianza y sus ganas de aprender de nosotros.

- Cambia el **control** por la **confianza**. Mírales con «ojos de sherpa» cuando duden y dales la oportunidad de salir del camino de los condicionamientos y disfrutar del bosque entero.

- Cree siempre lo que te digan tus hijos. Si muestras recelo o desconfianza, sentirán que te distancias de ellos y cualquier estrategia que utilices para motivarles no funcionará; recuerda que, si no hay confianza, es muy difícil que haya conexión.

La motivación de nuestros hijos se riega con la fórmula **contigo**, ¿recuerdas?:

* **Contigo** = *Confianza* × (*Tiempo* + *Espacio*) − *Miedo*

4. VALIDACIÓN

La única forma en que tus hijos van a aprender a gestionar sus emociones y entender sus sentimientos es pudiendo experimentarlos. Solemos intentar evitar todo aquello que pueda desembocar en un mal momento.

Por ejemplo, cuando se caen o les pasa algo leve, decimos

«¡No pasa nada!». Pero ¿qué puede decidir una persona si se le niega un momento de consuelo o queja?

Podría interpretar que no le importamos, rendirse, alejarse y no buscarnos si necesita ayuda en otras ocasiones, o todo lo contrario. Cada vez que suceda algo, elevará la intensidad de su reacción para convencernos: se ha caído, ¿por qué llora?, ¿porque le ha dolido o para que le miremos?

Si ante cualquier situación describimos y permitimos su reacción aportando comprensión y calma, siempre sabremos que la intensidad será la natural y necesaria para expresarse, ni más ni menos. Y si la acompañamos con respeto, seremos su figura de refugio y confianza.

Además, al poder experimentar sus maneras únicas y especiales de enfrentarse a sus pequeños problemas, podrá conocerse, gestionarse y aceptarse; mantendremos intacta su autoestima teniendo la certeza de que los momentos validados son semilla de aprendizaje para hablar con calma cuando el mal momento ha pasado. Desde esa conexión sí querrán aprender: «¡Te has caído! ¿Estás bien? ¿Necesitas algo?»

Se trata de describir, interesarse y permitir su dolor, consolar sin intentar extinguir.

Un ejemplo de **no validación** son todos los «No llores». Llorar, reír, cantar y ser maravillosamente intensos es la realidad de ser niños. Validar es permitir, acompañar y aportar seguridad. Cuando no quieran tomar una medicina, podemos mentirles con estrategias o intentar «despistarles», o podemos decirles con toda naturalidad que está realmente «asquerosa», pero que es necesario tomarla, por lo que tendremos un yogur a mano o algo que pueda quitar ese sabor tan desagradable.

Tu sinceridad, permitir que las cosas sean difíciles a veces y no intentar adaptarlo todo para que sea fácil y agradable, validar su reacción en ese momento complicado, va a aumentar la confianza en nosotros: «Mamá y papá saben que esto está muy malo».

Es una herramienta que puede usarse en cada momento. Es la base del respeto: no deseo cambiarte o condicionarte para que me lo pongas fácil, solo conocerte y acompañarte.

5. HUMOR

El humor es como un abrazo en el cerebro; tanto para el que hace reír como para el que recibe la broma, es un regalo, un momento de complicidad difícil de igualar. Por eso insisto tanto en las sesiones formativas: gran parte de la diferencia entre disfrutar o no de la educación de nuestros hijos, reside en la capacidad de usar el humor en los malos momentos.

Romper los esquemas de la persona que está empezando a ponerse tensa, hacer lo que nadie espera... reblandecer cualquier situación con un guiño, un contacto o una exageración, supone quitarle poder a lo negativo y llenarlo todo de la música de la risa.

Ya comentamos que, para ello, es necesario atribuir un nuevo significado a las palabras «error», «desastre», «caos», «follón», «suspenso», «pelea», «fracaso»... Es necesario ver la vida con el agradecimiento suficiente como para priorizar siempre el hecho de terminar los días con una sonrisa, saber que nada tiene sentido si no podemos reírnos juntos, si no hay conexión.

A menudo comentamos que los abuelos malcrían a los niños y los padres los educan; creo que es totalmente al revés. Muchos abuelos disfrutan de sus nietos por no sentir el **peso** de la responsabilidad, y con ese amor sincero y libre de tensión educan mucho más que unos padres obsesionados con el orden, las notas, las rutinas y las cosas que hay que «hacer bien».

Tener mirada de abuela es sentir el amor de madre que ya no se **preo**cupa, que atesora momentos como regalos, que disfruta con la persona y no busca determinados comportamientos.

A veces no es fácil sacar el humor cuando un hijo te lleva a límite, cuando inevitablemente su deseo de ganar y tu cansancio chocan de frente... Por eso debes practicar en situaciones relajadas, para que sea mucho más fácil que pueda funcionar en momentos que, hasta ahora, terminaban en «tragedia».

Haz reír a tus hijos y siente esa mirada de agradecimiento infinito, esa conexión indestructible.

Un recordatorio

Pedir a tus hijos que hagan o no hagan algo para que tú no te sientas mal (enfadada, cansada, triste, decepcionada) no es conexión emocional, es un chantaje.

Tus hijos no quieren que tú te sientas mal, pero las buenas o malas decisiones que tomen, sus comportamientos, no deben estar condicionados, sino interiorizados por la experiencia, con un acompañamiento que tenga en cuenta sus procesos.

Mientras los educamos, podemos y debemos mostrar nuestras emociones, porque somos humanos, pero estas no deben ser un condicionante, pues corremos el riesgo de que el único aprendizaje que extraigan sea «No debo enfadar a los demás», desde una dependencia emocional tóxica, en lugar de adquirir, además de empatía, asertividad y criterio propio.

Deben tomar decisiones con libertad y en equilibrio, teniendo en cuenta a los demás pero también considerándose a sí mismos.

Algunas ideas para una planificación bonita

1. BRÚJULA

No te olvides de buscar siempre el Norte para orientarte, y de recordar tu frase brújula en este viaje maravilloso: ¿qué habilidades para la vida están aprendiendo?

Recuerda que los retos presentes cambiarán, y eso puede resultar complicado. Piensa que el futuro por alcanzar estará cada vez más cerca; en cada desafío superado o tratado de manera respetuosa, os acercáis de la mano a esa persona feliz y estable que pensaste aquella Nochebuena que sería dentro de algunos años.

Recuerda también que las conductas propias de cada etapa infantil son capacidades que transformar, no conductas que extinguir.

Tener siempre a mano esta herramienta de consciencia nos ayuda a volver a la ruta cuando el cansancio o una mala época nos empujan a perseguir de nuevo una educación conductista, centrada en que el niño se porte bien «ahora». Confía en los procesos, en los tuyos y en los de tus hijos. Estáis en el buen camino.

2. CONFÍA EN LA TRIPULACIÓN

¿Sabes ahora dónde ubicar a tus hijos en ese avión que estás pilotando? Quizá en otro momento de tu vida podrías contestar que quieres verlos en primera clase, en el lugar más seguro, o detrás de todo, para que jueguen y te dejen pilotar sin peligro.

Ahora ya sabes que la clave es que estén contigo en la cabina, con vosotros. Siendo **copilotos** de la familia.

Quizá hayas notado que tengo pánico a volar porque recurro a la metáfora del avión con mucha frecuencia. Uno de los trucos mentales que utilizo cuando tengo que viajar y el pánico me bloquea y me miente diciéndome que precisamente ese avión en el que yo tengo que montarme va a estrellarse, es el siguiente: «La tripulación no quiere morir, no lo permitirá». Te puede parecer un poco fuerte, pero es lo único que me ayuda. Y eso es exactamente lo que quiero transmitirte acerca de la educación de tus hijos.

Si ellos sienten **suya** la familia, querrán que todo vaya bien. En una posición inferior, desde un planteamiento vertical, donde ellos estén abajo, obedeciendo, no van a sentir esa sensación de pertenencia, de significancia, ese «Yo puedo hacer que mi familia vaya mejor».

Por ello, reunirse y tratar los temas que dejamos para otro momento cuando no había tiempo o estábamos «desbordados», es fundamental.

La Disciplina Positiva propone la herramienta de las **reuniones familiares** como punto de encuentro a todos los niveles.

Una vez a la semana, durante 30 minutos aproximadamente, podríamos **agradecernos** las cosas que hemos intentado para que todo fuera mejor, **buscar soluciones** a los problemas y **planificar** cosas juntos. Podríamos terminar después con una **actividad divertida** en familia. En estas reuniones, las voces de los adultos no tienen más peso que las de los niños. Se trata de ofrecerles confianza y alentarlos para que se impliquen en la construcción de una relación familiar que resista cualquier reto, cualquier conflicto.

¿Qué habilidades para la vida crees que podrías aportarles a tus hijos si semanalmente podemos buscar juntos soluciones a los problemas familiares, contribuyendo todos y buscando encuentro y conexión? Estaríamos dándoles todos los aprendizajes que buscábamos para ayudarles a alcanzar la estabilidad y la felicidad: capacidad de escucha, tolerancia, empatía, mirada resolutiva, cooperación, sensación de pertenencia, etc. Poder aportar, les motiva para dar lo mejor de sí mismos desde el agradecimiento por la confianza depositada. Es el motor de la autoestima y el crecimiento consciente. Anímate a incluirles y a contar con ellos para llevar a buen puerto tu familia. Querrán que salga bien.

3. RUTINAS Y OPCIONES

Los niños agradecen saber qué va a ocurrir y poder colaborar en la planificación; les ayuda a sentirse útiles y a pensar que se les tiene en cuenta.

Es importante revisar entre todos y semanalmente esas rutinas para asegurarse de que siguen siendo eficaces o necesarias. Esto también les ayuda a entender la necesidad de revisar las cosas y a notar avances.

Lo que debíamos hacer de cierta forma unas semanas atrás, puede realizarse ahora de otro modo porque hemos aprendido a hacerlo mejor.

Preparar las cosas para el colegio, elaborar un cronograma con las tareas semanales de la tarde, confeccionar menús en función de lo que la OMS recomienda (recuerda que tú no quieres obligarles a comer verdura y darles así una oportunidad de desafío, sino hacerles entender que es saludable comerla; por eso yo les explico a mis hijos lo que los profesionales de la nutrición recomiendan).

Si ellos han ayudado a establecer la rutina, será más fácil que luego se lleve a cabo con normalidad; de la misma forma que, si alguna vez surge un conflicto y no quieren seguir la rutina, puedes decirles que tú no les «mandas», tú solo les recuerdas lo que han decidido.

Cuando son más pequeños, el simple hecho de seguir un orden y contar con ellos para elaborar un dibujo o pegar un cartelito, les motiva desde la conexión y la diversión del momento.

Las ruedas de opciones son herramientas para anticiparse a situaciones en las que tengan que decidir qué hacer, ya sea por un enfado o por otra circunstancia en la que haya varias alternativas. Elaborarlas y aprender a usarlas desde el estímulo y la complicidad, les ayuda a superar malos momentos con menos reactividad y más integración. Estarán más centrados en buscar una posible alternativa o solución que en la simple proyección de un malestar.

4. ENSEÑAR A «SALIR»

Tus hijos, ¿«se van» cuando se enfadan, son de los que «huyen» del mal momento envueltos en puro aspaviento? ¿Qué haces cuando esto ocurre? ¿Les dejas irse, les obligas a quedarse, o vas detrás de ellos y sigues con la discusión? Ya comentamos lo que sucede cuando a nuestros hijos les desbordan las emociones: necesitan volver a la calma para poder pensar soluciones a lo que ha sucedido. Para ello, muchas veces es necesario «salir», poder hallar un sitio que nos aporte paz y nos ayude a reencontrarnos con nuestra calma.

Una herramienta muy útil es proponer y ayudar a los niños a diseñar y crear su propio espacio de seguridad.

Por ejemplo, debajo de su cama con unos cojines, en una esquina acogedora o donde ellos sientan que podrán crear su propio espacio. Podemos explicarles que tienen la opción de decorarlo y llevar cosas que les hagan sentirse mejor: un juguete, una foto, etc. Para que utilicen este recurso, para que vayan a este espacio a calmarse y poder pensar, es necesario practicar, ayudarles a «representar» escenas de enfado artificiales; por ejemplo, jugar a que van a su sitio a tranquilizarse.

Es muy importante no «mandarle a calmarse» cuando esté nervioso o enfadado. Esta herramienta funciona si ellos mismos la usan y acuden para sentirse mejor, porque lo que se persigue con ella es la autorregulación y gestión emocional respetuosa.

Decirles que salgan de un sitio y vayan a calmarse solos, podría ser percibido como que les estamos «echando» o que su actitud nos molesta. Por eso es importante ayudarles a recordar que pueden ir allí en momentos en los que estén calmados para que lo recuerden cuando lo necesiten, para que lo vean como un refugio y no como una zona de castigo y soledad.

Este «tiempo fuera positivo», como herramienta de autoconocimiento y gestión emocional efectiva, es un recurso que requiere confianza por nuestra parte. Aprender a utilizar de forma efectiva las emociones que se desbordan es un proceso largo e intenso.

Algunas ideas para la planificación de los errores (nuestros y suyos)

Ya sabemos que las malas conductas pueden ser solo faltas de habilidad, un momento fisiológico (hambre, cansancio o fiebre a punto de hacerse patente), o malas decisiones. En este último caso sabemos que detrás de esas decisiones, existen necesidades que ahora ya podemos leer y gestionar. Pero ¿qué hacer en el momento en que se dan esas malas conductas? Es muy recomendable **conectarse** para **redirigir**.

Podemos intentar describir qué sentimientos han motivado su mala decisión, hablar de su frustración o de su enfado. De esa manera ellos notan que tienen prioridad sobre las cosas que hacen, que les vemos más allá de su conducta.

Después, si ya están receptivos y dispuestos a escucharnos, podríamos hablar de la conducta en sí, de cómo duelen los insultos o cómo puede molestar que rompan tus cosas.

Podemos animarles en un tono positivo a pensar alguna alternativa para ayudarles a responsabilizarse de dar con una solución que repare lo sucedido, a que discurran qué se puede hacer si vuelve a pasar algo parecido, y finalmente ayudarles a no sentirse culpables sino comprendidos y alentados, mostrándoles nuestra confianza en que la próxima vez intentaremos poner en práctica las nuevas ideas.

En el caso de que los niños no estén receptivos, lo único aconsejable es ser ejemplo de respeto y aportar seguridad y calma a la situación, la mirada del sherpa que sabe el camino y entiende su malestar, y ya habrá otro momento para buscar soluciones.

1. EL EJEMPLO

¿Qué pasa cuando hemos sido nosotros los que hemos cometido un error? ¿Alguna vez te has disculpado ante tus hijos? Ser conscientes de que somos humanos en constante crecimiento, en constante oportunidad de caernos y levantarnos, es una muestra de humildad y aliento para nuestros hijos.

Si alguna vez, presas del cansancio, del miedo o del estrés nos hemos dejado llevar por alguna emoción mal gestionada y hemos gritado o dañado emocionalmente a nuestros hijos, podemos repararlo y disculparnos enseñándoles así a responsabilizarse de las consecuencias de sus decisiones. Podemos reconocer lo que hemos hecho sin maquillarlo o minimizarlo; por ejemplo, que les hemos gritado. Podemos responsabilizarnos de haberlo hecho, sin culpa pero sin excusas, sin proyectar nuestra decisión en un condicionante externo que nos libere («En lugar de esperar a calmarme para hablarte, me dejé llevar»).

Disculparnos de corazón les ayuda a tener la oportunidad de sentir que realmente nos importan más que la causa de nuestro enfado («Siento muchísimo haberte tratado así y haberte levantado la voz»).

Y, por último, podríamos ofrecerles la certeza de que siempre vamos a intentar dar lo mejor de nosotros mismos, aunque algunas veces nos equivoquemos («Voy a poner todo de mi parte para que no vuelva a suceder, no te mereces que **nadie** te trate así, y mucho menos yo»).

Ellos nos quieren en incondicional. Pedir perdón a nuestros hijos no es necesario para que nos perdonen, ya lo hacen siempre, inmediatamente, pero es fundamental para dejarles bien claro que se merecen el mismo respeto que nosotros.

2. SOLUCIONES

Debemos buscar posibles soluciones como alternativa a los castigos y como actitud en general. En cualquier situación podemos animar a nuestros hijos a centrarse en buscar una nueva forma de mirar una misma situación: cuando ha desembocado en un error, cuando no podemos seguir haciendo algo, o cuando quieren conseguir con todas sus fuerzas una cosa pero, en ese momento, no podemos dársela.

Ayudar a nuestros hijos a ser personas resolutivas es una manera de educarles sin poner límites a su autoestima y a su sensación de capacidad e imaginación.

Cuando el error era motivo de culpa y los problemas eran motivo de bloqueo, crecíamos sin recursos para avanzar, dejándonos condicionar siempre por un bache que no veíamos nunca como una oportunidad.

Ahora ya sabemos lo liberador que es mirar la vida de esta forma, con agradecimiento, con voluntad de transformación y crecimiento.

Nuestros hijos se merecen poder sentir que siempre hay una manera de encontrar un lado útil, que todo tiene un «para qué» escondido en algún lado. Intentemos ayudarles a que no se pierdan la experiencia de vivir la vida como si fuera una aventura.

Porque sus cerebros necesitan problemas que resolver, enigmas, retos imposibles que les enseñen a entender y a transformar su realidad.

Educar en la búsqueda de soluciones es regalarles en cada situación la oportunidad de fabricarse su propia varita mágica, y seguir experimentando en la vida con ilusión durante muchos años.

3. ¿MENTIRAS?

Es importante matizar la diferencia entre «imprecisiones», «fantasía desbordante», «llamadas de atención» y **«mentiras»**.

En ocasiones los niños nos cuentan situaciones que no se ajustan a la realidad. Cuando les preguntamos algo, cuando hay un conflicto y nos dan su «versión», sucede que las percepciones de los niños distan mucho de la realidad objetiva, y cada relato viene «decorado» por sus interpretaciones particulares de cada momento.

Cuando indagamos sobre lo que ha pasado ese día en el cole, qué han comido en el comedor o qué les ha dicho la profe que deben llevar a la excursión, lo que nos cuentan no suele tener mucho que ver con la realidad. A los niños les cuesta hablar de un contexto en otro, generalizar.

En otras ocasiones, y a partir de los siete años, los niños ya pueden ser conscientes de que, según lo que digan, pueden captar toda nuestra atención, por lo que podrían valerse de ese «poder» para mantenernos ocupados con ellos, añadiendo mucha fantasía a sus relatos. En ese caso estaríamos ante mentiras motivadas por una necesidad excesiva de atención.

Y, por último, está la mentira que todos conocemos. La que se pone sobre la mesa para «librarte» de algo, cuando has tomado una malísima decisión y no quieres que te «pillen».

Todas las hemos elaborado y dicho mientras nos temblaba la voz, siendo descubiertos al segundo, o con mucho arte, casi aspirando a una nominación a los Oscar. ¿Por qué se dan estas mentiras y cómo podemos evitarlas? Si yo sé que «me la cargo» si cometo errores, como soy humana y seguiré cometiéndolos toda la vida, preferiré intentar eludir la posible reprimenda o castigo, antes que admitir cualquier fallo.

Porque lo que sigue al error no es una consecuencia natural del mismo, sino una humillación y una deuda que pagar.

Si yo tengo claro que después de un error viene comprensión y aliento para el aprendizaje, no me resultará tan difícil asumir mi responsabilidad.

Si tus hijos no asumen la responsabilidad de sus actos e intentan librarse con mentiras, podría ser porque alguien no les permite hacerlo, pues recurre a los castigos o adopta actitudes negativas, de forma irrespetuosa.

La mentira se evita eliminando el miedo a decir la verdad. Anima a tus hijos a ser personas íntegras y honradas, apoyándolos en sus imprecisiones, fantasías o malas decisiones y creando con ellos oportunidades para aprender.

¿Cuándo empieza a funcionar?

Es una pregunta recurrente de muchas familias que ya han aprendido cuáles son las herramientas y quieren comenzar a utilizarlas. Suelo decirles que no se trata de aplicar una metodología, sino de adoptar una actitud.

Hemos sido educados en el condicionamiento, y eso es una realidad que se refleja en nuestra manera de tratarnos y de plantear la educación. Cuando viví en Inglaterra y estaba aprendiendo el idioma, la gente que llevaba allí más tiempo me decía que la clave era soñar en inglés. Si lo lograbas, esa sería la confirmación de que ya eras bilingüe.

Recuerdo el día y recuerdo el sueño. Era absurdo, pero fue en inglés. Y recuerdo haberme sentido diferente desde aquel momento. Seguramente no hubo cambios reales y significativos en mi cerebro, pero solo por haber cumplido con el mito, parece como que me sentía más bilingüe.

Yo sí puedo decirte ahora que cada vez que intentes gestionar tus emociones para que no te dominen, sino para que puedas tratar con más respeto y eficacia a tus hijos, tu cerebro va a «crecer» un poquito en este nuevo idioma, y dejar un poquito de lado su perfil «reactivo».

Así que, al igual que para aprender inglés te recomiendo la inmersión total, en este caso te propongo que hagas lo único que se puede hacer para perfeccionar una técnica: practica.

Date tiempo y dales tiempo a tus hijos. Para cada una de las herramientas que he compartido, es necesario un proceso de adaptación o de ajuste de las herramientas que ya no estaban funcionando, en tu caso al aplicarlas y en el suyo al interiorizarlas.

Es importante reconsiderar los tiempos a todos los niveles. El **ahora** es un momento para reconectar, no para esperar resultados. Practica. Al final, saldrá.

Pero practica desde un «No sé y estoy aprendiendo», y no desde un «Qué difícil es esto». Practica con la confianza de quien tiene una única certeza: casi todo lo que no sabemos en la vida puede verse y sentirse como un «Desde aquí, para arriba».

¿Cuáles son los pilares de tu nueva actitud? ¿Cómo puedes saber si vamos por buen camino? Recuerda que si lo que aplicas en casa hace que tus hijos se sientan **seguros y capaces**, sería un comienzo estupendo, y como decía Adler: «Si tu manera de educar respeta a tus hijos, te respeta a ti y respeta las circunstancias, estás educando de manera responsable». Y también de manera bonita.

Un recurso para reflexionar: ¡Juguemos a los contrarios!

- ¿Cómo miramos a los niños?

  - Personas incompletas/Personas en desarrollo
  - Carga/Responsabilidad
  - Inmadurez/Crecimiento
  - Mala conducta/Decisiones equivocadas
  - Castigos/Resolución
  - Peleas/Laboratorio social
  - Ruido/Vida
  - Inquietud/Energía

- ¿Cómo nos miramos como educadores?

  - Culpables/Responsables
  - Preocupados/Implicados
  - Solos/En comunidad
  - Superados/Agradecidos
  - Temerosos/Expectantes

  ¿Va cambiando tu mirada?

15

Practicando

Con una visión puesta en los aprendizajes, en lugar de en las conductas, cuidando lo que transmitimos a nivel emocional en cada momento, se puede educar con unos resultados mucho más positivos. Si tan solo repensamos que nuestros hijos están aprendiéndolo todo, desde esa sensación de oportunidad, podemos enseñar bonito.

1

Carlos tiene tres años y no quiere quedarse a dormir en casa de su abuela. Sus padres tienen una cena y llevan toda la semana pensando en si el niño va a quedarse bien con ella. Han llenado una bolsa con juguetes y mudas, han dejado una lista de instrucciones con todos los «Por si acaso» y, llegada la hora, Carlos protesta mucho cuando se despiden de él. Su abuela está abrumada por todas las instrucciones y sus padres se sienten culpables por dejarlo «solo», pero al mismo tiempo sienten urgencia porque van a una cena que llevan mucho tiempo esperando.

En ese momento, llega a casa de la abuela su tía Irene, que coge a Carlos en volandas, le hace reír y les dice a sus padres con mucha ironía que le va a dar al niño todo el azúcar que encuentre. Los padres se miran y se ríen con la abuela mientras Carlos le pide a su tía que le enseñe el «tatú» del perrito.

Todos se despiden y el niño se pone a jugar con su tía mientras su abuela calienta la cena.

Quizá si se hubiera afrontado la situación con naturalidad, Carlos hubiera percibido menos tensión alrededor del momento de quedarse a dormir fuera de casa.

Los adultos pueden propiciar un ambiente de calma que ayude a los niños a adaptarse a cualquier cambio solo con que muestren confianza en la persona con la que dejan a su hijo. Para ellos eso es fundamental.

2

Mencía tiene cinco años, está merendando y su madre le dice que tiene que recoger su plato al terminar. Ella la mira y le dice: «No quiero». Su madre capta que quizá podría haber aprovechado para buscar colaboración y capacitarla, en lugar de propiciar una ocasión de distancia vertical y desafío, así que, en lugar de regañarla por su tono arisco, replantea la situación: «Mencía, necesito pedirte un favor, ¿me ayudas con unos papeles de mi escritorio?»; a lo que la niña contesta: «¡Sí, claro! ¿Ahora?».

«Sí, justo cuando terminemos la merienda», le responde la madre.

Mencía se termina su plátano, lleva el plato a la encimera, se limpia la boca y coloca el mantel individual en el cajón. «¡Vamos, Mami!», dice.

Ellas han hablado y planificado las rutinas después de cada comida en su reunión semanal. La forma de recordar las rutinas puede ayudarnos a que la acción simplemente se repita o bien puede ser percibida como una oportunidad para buscar poder de forma inadecuada. La madre de Mencía no condiciona ayudarla «a cambio» de recoger, solo ordena la situación y se mantiene segura. Mencía podía no haber reaccionado así, podía haber querido irse sin recoger. De haber sucedido eso, su madre podría haber recurrido al humor: «Plato, cariño, ¿puedes volar a la encimera tú solo?». También podría haber hecho un gesto cómplice capacitándola, o haber dejado que la niña tuviera la iniciativa de recoger sola, dejándole un poco de tiempo y espacio, un poco de confianza en que, al dejar de notar presión, recogería por sí misma. Porque lo que sucedió es que su madre se adelantó a algo que ya estaba hablado, y quizá no hubiera hecho falta ni decirlo.

3

Martín tiene cuatro años, está en la escuela cuando llega su padre a buscarlo. Lleva dos semanas sin verlo porque ha estado de viaje por trabajo. Nada más verlo, Martín se sienta en el suelo y le evita con la mirada. Su padre intenta acercarse y él lo rechaza con la mano.

Entonces el padre se siente mal y se da cuenta de que quizá Martín está dolido por haberle echado en falta; se acerca de nuevo y le dice: «Te he echado muchísimo de menos, Martín. Necesito un abrazo de los gordos».

Martín comienza a llorar y se le lanza al cuello.

La tristeza y el dolor se expresan en forma de proyección. Al padre de Martín le dio pena su recibimiento, vio de esa manera todo lo que el niño podía estar sintiendo.

4

Marta y Raquel tienen diez y nueve años, respectivamente. Hacen todo juntas y se llevan muy bien, pero desde el inicio de este curso han empezado a discutir con más frecuencia. Sus padres intervienen separándolas y castigándolas si llegan a pegarse. La situación ha empeorado y sus padres deciden hablar con ellas para proponerles que a partir de ahora establezcan un plan «anticrisis»: les dan a ellas la autonomía y la confianza para que arreglen sus problemas. No van a volver a intervenir. Suceden nuevos conflictos y ellas recurren a sus padres, pero ellos les recuerdan, de manera comprensiva y amable, que no pueden arreglar esos problemas y que ellas serán capaces de buscar soluciones cuando se calmen.

Poco a poco, las hermanas llegan a acuerdos y pactos, y las discusiones cada vez son menos frecuentes. Casi siempre llegan a una solución juntas.

5

Celia ya ha cumplido ocho años y acaba de tener una hermana. Está muy contenta pero hace unos días se le nota menos habladora. Sus padres no le dan mucha importancia, hasta que su profesora les llama para informarles de que Celia se ha hecho pis en clase. Ellos comienzan a preocuparse porque cada vez está más apagada, aunque sigue siendo una niña «muy buena». Ellos no paran de reforzar cada cosa «bien hecha» pero ella no parece ni escucharlo. Al cabo de unos días, Celia tiene que hacer un proyecto para el cole y, cuando va a exponerlo con su grupo de clase, vomita de nervios delante de todo el mundo.

Los padres de Celia notan que quizá por el hecho de haber volcado mucha atención en la hermana, además de haberle exigido de una manera sutil pero muy controladora una «perfección» ficticia a su hija mayor, esta ya no puede más y se rinde. Celia está convencida de que no puede con todo y de que nadie la ve, salvo que lo haga todo perfecto. La situación la ha superado, porque ella solo quería hacerse notar siendo la mejor, y ahora está convencida, equivocadamente, de que todos se han enfadado con ella.

Sus padres deciden pasar mucho más tiempo a solas con Celia y dejar de juzgarla o exigirle que cumpla una serie de patrones.

Además, han dejado de insistir en la idea de que es «la mayor» y le han pedido que replantee sus actividades extraescolares como ella prefiera. Celia ha decidido dejar el ballet por este año.

Como a Celia le encantan las compras, su madre se la lleva al mercado de la ciudad, y cuando está concentrada mirando un escaparate, le dice cerca del oído: «Te quiero siempre, Celia».

Ella baja la cabeza y deja caer una lágrima, le da la mano sin dejar de mirar al suelo y susurra: «Y yo».

Celia necesita volver a empezar en cuanto a conexión emocional se refiere. Necesita que la ayuden a convencerse de que no somos grupo sin ella, de que no nos rendimos jamás con ella y nos da igual si es la mejor o no, es nuestra Celia, un regalo que no necesita hacer nada para alegrarnos la vida.

6

Yago ha empezado a pegar a otros niños cuando hacen algo que a él no le gusta. Sus padres opinan que es una fase que responde a un momento natural más físico en los niños, ya que tiene tan solo veinte meses. Un día tropieza con un juguete y se cae, dándose un golpe con la silla. Llora y se queja, pero inmediatamente va hacia la silla y empieza a darle manotazos y a gritar: «¡Mala, mala!». Sus padres comentan lo sucedido con las maestras de la escuela porque es algo nuevo que nunca habían visto antes. Ellas les dicen que, cuando los niños se caen, «riñen» al suelo para que los pequeños puedan «despistarse». Entre todos comentan las consecuencias que ello está causando: los niños consideran malo el hecho de caerse y aprenden a pegar cuando están enfadados. Maestras y familias reconsideran una estrategia. Cuando se caen, comienzan a validar el disgusto y dejan de buscar culpables. Los niños se quejan al caerse, como es lógico, pero han dejado de pegarse como primera opción cuando están enfadados.

7

Marta está disfrutando de una tarde en el río con sus padres y hermanos. Quieren bañarse y los padres les recomiendan ponerse las chanclas antirresbalones. Marta tiene demasiada prisa por ir al agua, así que dice un «**No**» muy tajante y sale corriendo hacia las rocas, con tan mala suerte que, al segundo paso, asusta a una abeja y esta le pica en la planta del pie. Marta es atendida por sus padres, pero en ningún caso le reprochan el no haberles hecho caso con frases como «Si hubieras hecho lo que te dijimos, no te habría picado la abeja». Se concentran en darle consuelo y curar su herida. Pasados unos días se da una situación parecida y es una de sus hermanas la que no quiere seguir una recomendación de su madre es entonces cuando Marta exclama: «¡Es mejor que escuches a mamá, no te manda, te cuida!».

Marta pudo aprender la consecuencia natural de ir descalza en una zona en la que le habían recomendado calzarse, por no haber asociado el mal momento con una humillación de los adultos. Ella percibió que fue más importante su alivio que una posible lección. Se siente agradecida y con el doble de confianza en su madre, por haberla tenido en cuenta.

8

Los padres de Elsa están preocupados porque, aunque come perfectamente en el comedor del cole, en casa parece no querer probar bocado y prefiere siempre las opciones menos saludables. Han probado de todo, desde pedirle ayuda para hacer la cena hasta comprarle platos con dibujos de sus muñecas favoritas. Lo cierto es que últimamente las cenas de Elsa son el centro de todas las conversaciones de la familia. Un día su madre decide poner la fuente de comida en el centro de la mesa y decirle que ella es perfectamente capaz de servirse lo que quiera comer. A partir de ahora, ella decidirá la cantidad que quiere servirse. Además, le proponen que, dentro de lo que se recomienda comer, siguiendo la guía de la pediatra y contando con las comidas que ya toma en el comedor, ella podrá hacer el menú semanalmente.

Elsa empieza a servirse muy poco o casi nada, y sus padres confían en que, si tiene hambre, comerá, sin forzarla ni prestar atención a su conducta, sino intentando pasar un rato agradable juntos. Al cabo de unos días, como ya no se pasan toda la cena hablando de lo que hay que comer, de lo que Elsa está tardando, la situación mejora notablemente.

Los padres de Elsa han atajado una posible meta equivocada que era utilizada en la hora de la cena, confiando en su hija y capacitándola para tomar decisiones que ayudan a la familia, como es establecer un menú y autorregularse.

9

Pedro lleva un invierno con muchos mocos, y a sus padres les han recomendado que le laven la nariz con suero. En sus 34 meses, nunca antes habían tenido que hacerlo, y a Pedro no le gusta nada, pasa muy mal rato y se queda bastante asustado. Sus padres lo hacen cada noche durante toda la semana, intentando crear una rutina, pero él sigue pasándolo fatal y ellos cada vez afrontan el momento con más tensión. Una tarde llega su abuela y le pide a Pedro que le limpie a ella la nariz con el suero. Pedro lo intenta y, con ayuda de su madre, limpian la nariz de su abuela. Ella dice que ha sido realmente desagradable, pero que si Pedro le coge de la mano, se atrevería a hacerlo de nuevo. Pedro le da la mano y la abuela le pide hacerlo ella solita.

Juntos lo consiguen, y entonces su abuela le pregunta si él quiere probar solito. Es un poco difícil, pero seguro que puede tirar del émbolo de la jeringuilla y absorber el suero del cazo él solo.

Pedro, entusiasmado, rellena la jeringuilla y se la pasa a la abuela. Entonces ella le hace un gesto pidiéndole permiso para limpiarle la nariz y le dice: «¡La mano, Abu!»

La abuela le coge a Pedro una mano mientras su madre le limpia sin que él esté tan asustado. Le molesta, y al terminar dice que no le gusta nada, pero si él puede encargarse de la jeringuilla no molesta tanto.

Quizá solo había que esperar un momento, normalizar y validar el hecho de que es algo desagradable, ponerse en su lugar e involucrarle para que no tuviera tanta sensación de pérdida de control.

Pedro ya no sufre, aunque a veces aún le molesta un poco.

10

En casa de los Couceiro la hora de dormir se complica por momentos. Cada vez les cuesta más cumplir las rutinas y casi siempre terminan el día enfadados.

Los padres tienen la sensación de que, si no gritan, sus hijas no les hacen caso. Paula tiene siete años y Carmen tiene cinco.

Los Couceiro deciden terminar el día cuando sus hijas tienen que irse a dormir. En lugar de intentar que «se vayan a la cama» para ellos poder cenar luego y ver la televisión, han comenzado a cenar juntos y les han pedido a sus hijas que hagan ellas una rutina de sueño divertida para todos esa semana, para probar a ver cómo sale. Las nueve de la noche sería la hora de cerrar los ojos. Ellas propusieron un cuento de papá los lunes y los jueves, jugar un ratito a las películas todos juntos el miércoles, y dibujar un ratito antes de dormir el martes. Los padres les han dicho que confían en ellas y en su plan, y que van a probar a ver qué tal descansan así.

Los padres ya no transmiten a sus hijas la sensación de que «hay que dormirse ya», sino que terminan el día con algo agradable que ellas han podido proponer y que se ajusta a los límites (la hora).

Ha sido una gran semana. A las nueve de la noche han cerrado sus ojitos felices por haber podido contribuir, pertenecer y terminar el día sin enfadarse. La semana que viene revisarán la rutina para ver si siguen descansando bien.

11

Antón ha suspendido cinco asignaturas en el primer trimestre. Va a 2.º de ESO y el año pasado casi tuvo que repetir. Sus padres lo notan irascible y desmotivado. Además, le han castigado sin el ordenador porque le pillaron mintiendo. Un día su madre prueba una nueva forma de acercarse a él.

Al recogerle en el instituto, le pide que la ayude a lavar el coche. Cuando están en la estación de lavado, ella le cuenta entre risas el miedo que pasó una vez al copiar en un examen, no quería suspender y encima le aterraba el posible castigo si la pillaban. Además, le contó que el examen lo aprobó, pero suspendió la asignatura ese trimestre y tuvo que pasar el verano estudiando. Antón nunca había oído aquella historia y estaba disfrutando ese rato con su madre. Cuando ella notó que él estaba más receptivo le preguntó cómo se sentía respecto a sus suspensos y él volvió a ponerse a la defensiva. Ella le dejó su espacio y no siguió insistiendo, pero esa misma noche, cuando ella leía a solas en el salón pensando que todos dormían, Antón se sentó a su lado y la abrazó.

«Lo siento», dijo. «¿Por qué, cielo?», le preguntó su madre. A lo que Antón contestó: «Por suspender, y por ser un idiota esta tarde».

Su madre lo abrazó, le pidió disculpas por estar siempre encima de él, por hacerle sentir que solo le importaban las notas, y le preguntó: «¿Qué hacemos, cielo? Esto habrá que solucionarlo, ¿no? Yo creo que tú te meriendas esas cinco, pero está claro que hay que cambiar de plan... ¿tú qué quieres hacer?». Y Antón le respondió: «Que confiéis en mí».

Ella entendió que era muy necesario para él sentir apoyo incondicional en ese momento, más allá de cualquier nota o cualquier error.

«Antón, no vamos a volver a hablar de tus estudios hasta que termine el curso, ¿te parece? Y solo será para ver si te matriculo en 3.º de ESO o de vuelta a 2.º de infantil, ¿vale?», le dijo la madre haciendo un guiño gamberro. Él se tiró encima de ella riendo y le dio un beso.

Al día siguiente, Antón se sentó a estudiar sin que nadie se lo recordase. Ese trimestre recuperó tres de las cinco asignaturas suspendidas y salvó el año por poco, pero con toda su autoestima y la sensación de pertenencia que tanto necesitaba.

12

Cloe tiene 18 meses, y ponerla en la silla del coche es una tragedia. Cada día, tanto ella como sus padres pasan muy mal rato cuando se montan en el coche. Primero intentan despistarla, darle cosas y hacer todo lo posible para que no llore. Ellos no son conscientes de que, incluso antes de bajar al garaje, ya le transmiten mucha tensión a la niña planificando la estrategia de cada día.

Un tarde de picnic, su madre se tuerce un pie y tienen que ir pitando al hospital porque piensan que es algo más grave.

Al llegar al hospital se dan cuenta de que en esa ocasión la niña no ha dicho nada al montarla en la silla del coche y eso les hace pensar.

Se percatan de que no les dio tiempo a ponerle la chaqueta y de que no hicieron más que sentarla con cuidado, abrochar su cinturón y salir pitando.

Al día siguiente, cambiaron la rutina de la mañana; la madre de Cloe salió con ella al portal y su padre sacó el coche del garaje y fue a buscarlas a la puerta de casa. Su madre la cogió en brazos, abrió la puerta trasera y la montó en su silla; mientras, con toda naturalidad, les contó a los dos que ese día iba a ser superemocionante en el trabajo. Cloe la miraba sin pestañear.

Su madre se subió al coche y siguió contando su historia, usando mucha intriga: «Y ¿sabéis lo que me dijo mi amiga? Pues veréis, me dijo…». Cloe escuchaba tranquila y adormecida por el traqueteo del coche.

Aquel día sus padres entendieron dos cosas. A Cloe le daba demasiado calor la silla y se ponía muy nerviosa si ellos estaban demasiado pendientes de que no protestara.

Sus padres no pretendían que no lo hiciera, asumieron que podía suceder y que la atenderían si así fuese, pero comprobaron que ella necesitaba naturalizar esa situación. En ese caso, el protocolo inflexible de cada mañana con mamá y papá de los nervios era contraproducente. La torcedura de mamá desplazó la atención a la «tragedia», no a Cloe, y eso relajó el ambiente lo bastante como para que ella pudiera aceptar ir en esa silla como algo seguro.

13

Carmen corrió al ascensor mientras su madre gritaba cargada con muchas bolsas, diez metros por detrás: «¡Corre, dale!». Ella corrió y se quedó quieta, esperando a su madre frente a la puerta abierta del ascensor, que se cerró y comenzó a bajar vacío ante la mirada furiosa de su madre:

«¡¡Te dije que no lo dejases cerrarse!!». Carmen no entendió ese «¡Corre, dale!» como un «¡Dale al botón del ascensor para que no se marche!», y ahora se siente molesta, inútil y un poco confusa.

Muchas veces, solo se trata de ser un poco precisos y de entender cómo y cuándo nuestros hijos tienen nuestra atención. Correr detrás de un ascensor no es una situación de peligro, pero sí un poco estresante, quizá solo lo suficiente para que Carmen estuviese más pendiente de correr que de escuchar.

16

¿Qué va a pasar ahora?

Una noche me despertaste con gritos de dolor. Llorabas asustado agarrándote las piernas, mientras me mirabas con el pánico difuminándote las lágrimas...

Tus rodillas te mordían. Así describiste esa sensación, ese dolor de crecer.

Y yo te expliqué que en los huesos tenemos células que van comiendo hueso de niño y otras células que van creando hueso de mayor. Y a veces ese ser cada día un poquito más grande molesta, y asusta porque no sabes lo que te pasa ni cuándo va a dejar de doler. Pero al ratito se pasa, te lo prometo.

Y ahora ya sabes que a veces el dolor de vida es bueno si, en lugar de paralizarnos, crecemos.

Puede que tu ilusión por un cambio real, en ti y en tu manera de educar te esté removiendo bonito. Puede que hayas conseguido quitarte las últimas pelusas de culpa que te quedaban y te sientas segura y capaz. Puede que yo esté emocionándome solo de pensar que estás sonriendo al leer esto.

Van a pasar muchas cosas a partir de ahora. Porque nos hemos levantado, ya no podíamos quedarnos sentadas esperando a que maduren, a que crezcan, a que aprendan. Ahora ya no nos conformamos con los «Por lo menos», con los «Que pase rápido», ahora queremos disfrutar del trayecto, y tú ya sabes que las vistas que valen la pena, las de los paisajes que nadie ha contemplado todavía, no son fáciles de alcanzar.

Y no es que merezca la pena, es que merece las fuerzas, merece que la alquimia del amor nos transforme esta ilusión en una energía nueva.

Lo que veías inalcanzable, ahora ya te apetece, y mañana puede que esté más cerca.

Vayamos paso a paso, poco a poco, siempre. Porque esta montaña está viva y, cuando tú creas que dominas y entiendes sus laderas, te va a despistar con una ventisca o con una tormenta, y te hará cambiar de ruta mil veces. Vayamos paso a paso, poco a poco, siempre. En esta montaña vas a asomarte a precipicios, vas a sentir los miedos más reales que te harán temblar, y vas a gritar… y ella, mediante el eco, te va a devolver amplificados cien veces tus propios recuerdos y tus sueños de un atajo a la cima… pero este no existe.

He aquí un truco para no perderte en tus propios laberintos: siempre que todo sea demasiado fácil o demasiado difícil, detente. Mira con atención a tu alrededor y revisa tu brújula, el equipo que llevas y cómo están tus compañeros de viaje. Haced una parada de descanso para comprobar que seguimos en ruta y revisad de qué se han ido llenando las mochilas por el camino. Esa es la clave. Recuerda siempre tu horizonte. Ahí está, una vez más, la pregunta:

¿Qué habilidades para la vida están aprendiendo?

La montaña, el bosque, la vida… el trayecto es fértil y te ofrece los baches y las experiencias para que tus hijos se alimenten. Una educación viva es garantía de que jamás van a faltar momentos de aprendizaje. Antes no sabíamos verlos.

Ahora eres una experta. Ahora todo es útil porque todo tiene un sentido.

Vas a encontrarte con muchas personas en este viaje, y cada una de ellas tiene su forma de recorrer, de mirar y de contarte su camino. Algunos querrán acompañaros, otros os dirán que estáis locos, os contarán historias de terror y os advertirán de que esa montaña está maldita, o que ni existe, e intentarán convenceros para que escojáis su camino.

Os encontraréis con personas que casi están en la cima, las veréis de lejos, y también con personas bonitas, de esas que se ríen cuando se caen y nunca dejan de intentarlo.

Esa gente forma parte de tu trayecto, cruzarte con ellos es necesario aunque a veces no entiendas para qué. Aunque la abuela que da demasiada azúcar o el profesor que castiga te parezcan obstáculos, están ahí para algo.

Para que no olvides que cada uno tiene su historia, su montaña, sus miedos, sus dudas y su camino, que es igual de bonito que el tuyo, pero es otro. Vamos a practicar con ellos la tolerancia, la empatía y la compasión.

Puede que seas tú la que se sorprenda hablando el idioma del ego e intentando convencerlos para unirse a tu grupo («Hacedlo como yo»). Deja que cada uno respete sus tiempos, que disfruten de sus golpes de realidad en cada caída y aprendan a leer sus señales de peligro. Agradécelos y confía en tu ritmo.

Todo lo que tus hijos vean de esas personas que os vais a cruzar en la vida son oportunidades de utilizar lo que llevan en la mochila: la cuerda de la pertenencia, que recoge, incluye y salva.

La luz de la significancia, que ilumina las dudas y da calor si en el camino hace frío.

Así que acoge lo que venga con mucha paz. Y si a veces duele, recuerda que siempre es para que crezcas. Porque ya aprendimos a distinguir cómo se siente el dolor de vida, ese que sangra rojo fuerte, que te rompe al sentirles nacer o que te cambiaba de talla doliendo en las rodillas. Es un

«Para qué» que te empuja a querer saber lo que viene luego, mientras disfrutas de un ahora incómodo, pero real.

Y te pido un favor. Hubo un día, hace muchos años, en el que decidiste que las cosas importantes, las que venían antes de una sorpresa de la vida, ya no te hacían ilusión, te daban miedo.

Algo o alguien te asustó con las cosas grandes que ocurren justo antes de las cosas bonitas, y desde aquel momento, cuando empiezas una cuesta, miras para arriba y dices: «Esto es muy difícil». Necesito que te repitas muchas veces una frase: «Estamos aprendiendo».

No es lo mismo embarcarse en este cambio con hijos pequeños, cuando partes de cero con ellos, que cuando ya habéis usado otro tipo de herramientas durante varios años. Va a funcionar, pero voy a ser muy sincera. Si toda la vida has llevado a tus hijos por un camino fácil, en el que la sobreprotección o las órdenes constantes no les permitían pensar por sí mismos, en el que los condicionamientos no les empujaban a responsabilizarse de sus decisiones, un camino sencillo en el que ni siquiera tenían que decidir nada y no pensaban ni en el origen ni en el destino, es probable que, al principio, no quieran acompañarte a subir una montaña.

Es porque se van a sentir incapaces e inseguros. Si cambias tu manera de relacionarte con ellos, aunque esta sea la manera más adecuada y respetuosa del mundo, ellos van a necesitar adaptarse a ese cambio. Y en esa fase de adaptación pueden surgir retos nuevos. Vamos a pasar del automatismo de los gritos y las emociones no gestionadas, a un ambiente de trabajo, una vida vivida. Eso requiere práctica y esfuerzo por parte de todos. Esos retos son las ventiscas y los vértigos al precipicio. Son la montaña. Forman parte del cambio. Y está bien.

Si tus hijos esperan a recibir un grito para cesar una conducta inadecuada, puede que pase un tiempo antes de que se den cuenta de que, por dejar de gritar, ni les permites ni les ignoras, no está pasando nada raro. Llegará un momento en el que se darán cuenta de que ya no les juzgas por sus conductas. Llegará un día en el que entenderán que ya les ves de forma completa, incondicional: «Sí, mamá y papá ya me tienen en cuenta».

Y será entonces cuando os liberaréis de la sensación de que vuestros hijos son una carga en la mochila, de que sus maneras y sus faltas de experiencia son algo que pesa demasiado y no os deja avanzar. Ellos empezarán a moverse, de vuestra mano, confiados y seguros.

También puede que te asalte una duda lógica en esta transformación: ¿Cómo se van a adaptar al mundo después? ¿Cómo van a encajar en los premios, los chantajes o los castigos que están por todas partes? Tú les estás educando para la vida, para escalar todas sus montañas. Les estás educando para tener estrategias que les ayudarán a lidiar con cualquier situación que se presente. Recuerda que la mayor parte del mundo está educado para obedecer, tú les estás educando para ser dueños de su propia vida con una mochila llena de recursos.

¿Qué te preocupa?

¿Te preocupa cómo van a encajar un castigo si tú nunca les has castigado? Van a aprender de eso. Y van a seguir creciendo.

¿Te preocupa que una persona no les trate con respeto? Van a aprender de eso. Y van a seguir creciendo.

¿Te preocupa que alguien quiera condicionarles con premios? Van a aprender de eso. Y van a seguir creciendo.

Las habilidades que necesitan para ser ese adulto feliz que visualizamos van a aprenderlas ellos solos. Recuerda que, aunque vamos juntos, ellos perciben y aprenden de su propio camino, de las interpretaciones de sus experiencias.

Nosotros solo vamos a darles los ingredientes para que ellos puedan desarrollarlas. Somos el sherpa que les va a ayudar a sentirse capaces de avanzar y les va a dar la seguridad para hacerlo, y de esta forma les estaremos empujando a que aprendan a poner los límites de lo que es seguro y no es seguro para ellos, y de lo lejos que quieran llegar.

Esos límites de seguridad estarán construidos en función de cómo les tratemos mientras crecen, en función de cómo ellos nos ven ser todo lo tolerantes que queremos que ellos sean, todo lo generosos, todo lo empáticos, todo lo autónomos, todo lo felices que les queremos a ellos. Porque, realmente, aunque parezca que nos hemos complicado la vida con una educación que duda, que crece y que no se rinde, lo único que realmente les vamos a enseñar es a aprovechar **todas** las experiencias de vida como oportunidades de aprendizaje.

Si dudas, si la cuesta se pone complicada, si vuelven los miedos, si sientes otra vez ese vértigo, recuerda: descansa y revisa. Muchos de los problemas educativos no son más que eso, cansancio físico, o emocional, extremo; son producto del desequilibrio entre lo que estamos esperando conseguir y lo que nos estamos cuidando en ese proceso.

Y si, a pesar de todo, te sientes bloqueada o abrumada por lo inmenso del paisaje, si se presentan encrucijadas o si, simplemente, necesitas una prueba de vida, si te da miedo cargar a tus hijos de más responsabilidad o más vulnerabilidad, porque van a ser «distintos», si crees que no vais a estar preparados para alcanzar la cima, recuerda…

Tus hijos van a ser personas conscientes

El mundo es un lugar fascinante, pero la vida es una sucesión de instantes que normalmente se pierden entre la vorágine de lo superficial. Lo sencillo y revelador queda oculto tras las luces cegadoras y los colores chillones de una realidad artificial, creada para ser consumida.

Quitando las distracciones que nos desvían de lo esencial, todo a nuestro alrededor es un regalo constante, un milagro para quienes son capaces de ver la belleza en un rayo de luz entrando por la ventana, o la grandeza de un brote de helecho que desafía al asfalto.

La consciencia es un estado que requiere conexión, contacto directo con nuestras propias emociones y apertura total a la recepción, requiere vacío y paz que nos ayuden a absorber toda la magia que nos rodea, requiere valentía para ser capaces de aceptar todo lo que nos ha sido dado y que nos está esperando más allá de nosotros mismos, pero siendo plenamente realistas ante nuestras limitaciones, nuestras fortalezas y las cosas aprendidas por el camino. La consciencia, en definitiva, es una locura transitoria perpetua que te envuelve en aceptación, en equilibrio.

¿Cuántas veces la prisa, la rutina, el yugo de «las obligaciones», el entretenimiento banal y hueco de los medios o nuestra propia desidia nos alejan de esa conexión con lo esencial, del mundo **real** que nos rodea?

La **consciencia** es vivir con plena capacidad, convertirnos en canal por el que todo, simplemente, fluya. Nuestros sentidos se liberan de los juicios subyugantes y limitantes y dejamos de tener una opinión acerca de las cosas, porque estamos demasiado ocupados experimentando, ilusionándonos, agradeciendo.

Para educar a nuestros hijos de esta forma, el primer paso sería maravillarnos con ellos, por ellos. Tratarlos como lo que realmente son: **vida** nueva, un don sagrado que renueva nuestra oportunidad de experimentarlo todo de manera plenamente **pura**. Cada nuevo ser humano, cada bebé es una nueva oportunidad del Universo.

El **amor** puro, el **miedo** puro, la **felicidad** pura, el **agotamiento** puro, la **entrega** pura... todo elevado a su expresión máxima. Casi se podría decir que son el primer eslabón de nuestro camino hacia esa conexión, hacia esa mirada limpia de interferencias.

Además, debemos tratar a nuestros hijos como al mejor de los maestros, porque sin hacer nada nos enseñan a dar lo mejor de nosotros mismos, y cuando inevitablemente nos sale lo peor, por cansancio o desesperación, son los únicos que pueden perdonarnos ese mal momento sin juzgarnos... Siguen ahí, esperando un abrazo, olvidando nuestra peor cara, queriéndonos **incondicionalmente** y aceptando de nosotros lo que no soportamos de ellos.

Cuando seamos capaces de mirarles con el agradecimiento que se merecen, con la admiración que deberían suscitarnos, seremos capaces de mostrarles cómo se vive de forma **consciente**. Porque ellos aún no han activado sus filtros de **ego** o de **miedo** racionales, esas barreras aprendidas que nos contienen sin sentido. Porque ellos todavía no han olvidado **absorber** la vida como si cada día fuera el último. Ellos están en contacto directo y constante con sus propios sentimientos. Nosotros hemos escuchado demasiados «No llores», demasiados «Que viene el lobo», demasiado condicionamiento.

Que se pregunten, que experimenten, que duden.

Que no se mientan, pero que confíen.

Que quieran saber dónde están y lo que ocurre a su alrededor.

Que no obedezcan por obedecer, que desde el respeto sepan que pueden desarrollar su propio criterio, sin imponerlo pero sin que se dejen someter.

Que les guste escuchar, aprender, avanzar.

Que no teman fallar o equivocarse, sino quedarse quietos ante su propia ignorancia.

Que se conozcan y que así sientan cómo los demás podrían sentir.

Que vean en el otro a un compañero y nunca a un rival.

Que se atrevan, que valoren, que agradezcan, que viajen y se pierdan para poder encontrarse, que lloren de emoción y que no sufran ni un solo día de su vida, utilizando cualquier dolor para fortalecerse.

Que si algún «No puedo» les tienta, sepan desafiarlo con prudencia y que se miren al espejo con paz, con curiosidad, nunca con complejos o con comparaciones limitantes.

Que se alejen del ruido y busquen su propia verdad.

Que acepten de la vida sus regalos y sus momentos difíciles como aprendizajes, como lecciones para el crecimiento.

Que observen, sin más, sin valoraciones, sin expectativas, con el corazón y la mente abiertos por si algo increíble pudiera estar a punto de suceder… como si cualquier momento fuese digno de saborear.

Pero ¿cómo se hace todo esto? ¿Cómo se educa de esa forma? Es un reto apasionante que parte de un secreto que, poco a poco, tenéis que ayudarme a difundir, a decírselo a todos, para que todo el mundo se entere: los niños vienen **conscientes** de serie. Vienen con capacidad plena para recibir, experimentar y disfrutar sin juzgar; con su esencia sin adulterar; con un instinto innato para entender el **amor** y para buscar respuestas a todo lo que les rodea; con una luz pura que ilumina el alma a quien es capaz de verla, limpios.

Está en nuestra mano permanecer lo suficientemente atentos, conectados y agradecidos como para acompañar su camino sin limitar ese superpoder, ese don con el que **todos** vinimos al mundo y que, aunque parece fácil de extraviar, ha nacido con nosotros y aún está ahí, escondido en la última vez que a solas y en silencio sentiste que no necesitabas absolutamente nada más, que no tenías miedo y que cualquier cosa podría pasar... y te encontrabas bien así.

No te pierdas tu vida, tu viaje con sus paisajes.... y tus hijos serán personas **conscientes**.

17

Educa bonito, ahora ya sabes cómo

Algunas veces se iba la luz y mamá sacaba velas del cajón de la cocina. Sabíamos que, al rato, volverían a encenderse las bombillas, pero lo vivíamos como una aventura. Se sentía el mundo en aquel salón pequeñito, todos más juntos, sin interferencias, esperando mientras decíamos adivinanzas y palabras encadenadas o surgían matices nuevos de anécdotas que todos nos sabíamos ya de memoria.

Al parecer, la oscuridad, el silencio o la sensación de cueva nos situaba a cada uno en nuestro lugar: a mis padres, cuidando, y a nosotros, dejándonos cuidar, encajando.

No había discusiones, no había castigos o gritos… solo expectación y esa atmósfera de luz de vela en la que un cuento se escribe solo mientras alguien lo imagina en voz alta, mientras improvisamos nuestro propio ritual de recuerdos.

Parece que frenar el mundo, en aquella época en la que aún daba tiempo a bajarse en marcha, era lo que nos traía la calma, y, en definitiva, priorizarnos, sin nada más que hacer que estar compartiendo una espera, confiando en que volviera la luz, pero deseando secretamente que jamás lo hiciera.

Muchas veces pensaba en aquellas tardes de invierno y apagón, y las echaba infinitamente de menos. Y me decía a mí misma: «Que todo se apague, que todo se detenga por un momento, para poder cuidar, sin más». Hace justo un año, la vida que llevaba décadas construyendo se derrumbó. Después de varios intentos al límite de toda fuerza, mi matrimonio se rompió.

De la noche a la mañana me vi sola con tres niños muy pequeños y la gravedad de un dolor indescriptible tirando de mí hacia abajo. Tantos esfuerzos, tantos proyectos... todo por los suelos.

Y entonces el Universo, o Dios, no lo sé, me regaló un apagón en ese preciso y fantástico momento en el que entraba por primera vez en mi nueva vida.

Estaba dejando los abrigos en el perchero cuando sucedió. El automático saltó dejándonos a oscuras, y justo cuando iba a maldecir mi suerte y a subir la clavija del cuadro de luces, llegó el recuerdo y llegó la emoción en la voz de cuento de Elena: «Se fue la luz, mamá». Cuántas veces le habré dicho yo, temblando, esa frase a mi madre. Fui a buscar las velas al cajón de la cocina, las coloqué por las estanterías y me senté con ellos en el suelo.

Y el mundo se paró. Lo que parecía un terremoto en el pecho, se apaciguó hasta convertirse en una fuerza... esa fuerza que me ha permitido construir una nueva realidad de la nada, que a veces es un castillo de naipes a punto de caer, obligándome a vivir intentando mantener el equilibrio; otras veces es una montaña que me fortalece mientras trato de escalarla, y otras, es solo llorar de agotamiento y emoción en el baño mientras mis hijos juegan en otra habitación. Esa fuerza, en aquel recuerdo, en aquel preciso momento, me ha traído hasta el lugar más importante del mundo, mi paz, la certeza de vida que me inunda cada vez que freno, apago, me bajo y priorizo a la pequeña tribu de gente sabia que, de entre todas las personas de la Tierra, me escogieron a mí para aprender del mundo y enseñarme con su luz de vela cómo intentar cambiarlo.

Educar bonito es llenarles a nuestros hijos la infancia de miguitas de pan, de recuerdos de conexión real, de amor incondicional, de experiencias en las que se sientan capaces y libres, de fuerza y de calor; para que cuando les lleguen todos sus terremotos, sepan dónde está su paz; para cuando duden de cuál es la vida que merecen, sepan cómo hacer para construirla.

Educar bonito no tiene nada que ver con pretender enseñarles algo, se trata precisamente de todo lo contrario: los adultos debemos recordar otra vez lo importante de la vida y contagiarnos de ellos mientras lo hacemos.

Esa es la verdadera evolución, concebir la educación como un instrumento que permita que cada nueva generación se abra paso y reconstruya un mundo a su medida, en lugar de anular y condicionar conductas al gusto de la generación anterior.

Es cierto que debemos servir de guía en ese camino, pero un buen guía no te dice adónde tienes que ir, te ayuda a llegar adonde tú decides que vas, con los ojos bien abiertos, para aprender contigo durante el trayecto.

Eso es lo que deberíamos hacer con nuestros hijos, y ser modelo de respeto, empatía y tolerancia por el camino. Solo así se puede sanar, de una vez por todas, esta sociedad de gente loca por vivir pero sin la memoria de cómo hacerlo.

¿Cómo hemos llegado a un punto en el que tenemos que aprender herramientas nuevas para no faltar al respeto a las personas que más queremos? Creo que todo es cuestión de prioridades. Quizá deberíamos apagarlo todo, que se nos estropee el mundo para volver a encenderlo después de haber estado un rato a oscuras y en silencio, solo juntos, recargando el concepto de «vivir» desde una significancia que solo alcanzaremos encontrándonos a nosotros mismos entre un montón de gente, mirando alrededor y descubriendo que toda esa gente también se ha encontrado a sí misma, y que escoge quedarse cerca, contigo. Eso es volver a entender la vida. Y me recuerda aquella tarde con mi amiga Bettina. Ella me ayudaba a recoger el material de una sesión formativa que di en su tienda de juguetes. En una atmósfera de complicidad con las familias que acudieron, les expliqué que Alfred Adler argumentaba la necesidad del ser humano de desarrollar el sentido de comunidad para ser feliz, para alcanzar el equilibrio y la madurez. Cuando nos quedamos a solas, con su acento de sabiduría Bettina me preguntó si no opinaba que, al fin y al cabo, tener sentido común no era más que entender el sentido de comunidad. Con toda la calma y toda la paz del mundo me acababa de exponer el argumento más redondo que he escuchado nunca.

Pertenecer al mundo

Si quieres que tus hijos tengan sentido común, ayúdalos a desarrollar su sentido de comunidad, dales herramientas para aprender a pertenecer al mundo sin dejarse dominar por él.

Eso es educar.

Y la forma más certera de comprobar si tus hijos están desarrollando su sentido de comunidad es ver de qué manera crecen aportando a la sociedad.

Cómo se interesan por escuchar a los demás porque tú les has escuchado siempre, cómo se ponen en la piel del otro por la empatía que tú has tenido con ellos.

Cómo aceptan y respetan diferencias gracias a la tolerancia que has tenido con sus procesos.

Cómo se comunican buscando el momento adecuado, siendo reflejo del modo en que tú les has ayudado a gestionar sus emociones.

Cómo respetan por encima de todo a los demás porque tú has sabido tenerlos en cuenta también por encima de todo.

Cómo aman incondicionalmente por haberlo aprendido de tu amor incondicional por ellos.

Cómo aceptan sin juzgar y agradecen sin esperar porque tú les has enseñado a hacerlo.

Cómo buscan soluciones y cooperación en los conflictos porque tú has acompañado sus fracasos.

Cómo validan los sentimientos de los demás porque han sentido que tú permitías y dabas valor a los suyos.

Cómo se conectan desde el humor por haber recibido de ti esa conexión mágica cuando más lo necesitaban.

Podrás comprobar todo el sentido de comunidad que han desarrollado tus hijos porque van a devolver al mundo cada momento de conexión significativa que hayan sentido contigo.

Como me dijo mi madre una vez: «Hagas lo que hagas, no pretendas que salga bien. Hazlo tuyo y será real». Y es que no hay ni una sola forma de hacerlo todo bien, es imposible... pero hay mil millones de maneras de intentarlo bonito.

Si estás atravesando la vida de la mano de personas pequeñitas que están creciendo, asegúrate de que disfrutas todos y cada uno de los pasos que das a su lado, porque no te van a escuchar, te van a sentir.

Que te sientan bonito.

Mi obra de arte

1987. Tenía cinco años y era la segunda de tres hermanos. La del medio. La única niña. Eso la hacía especial, pero ella no lo sentía así. Ella lo percibía como una pequeña derrota. «Estoy sola, ellos son más.»

Siempre había dormido muy poco. Le gustaba hojear cuentos y soñar despierta porque a veces tenía pesadillas. Había decidido que era mejor esperar al amanecer. Y a veces lo conseguía.

Una noche escuchó a sus padres reír demasiado tarde en el salón y fue a ver qué ocurría. Ahí estaba. En el caballete de mamá había una tabla de las que usaba cuando no tenía lienzos, con un par de garabatos y una foto suya enganchada con una pinza de la ropa.

Lo supo muy rápido. «Mamá me está pintando un retrato.» El corazón quería saltar de su pecho, escaparse del pijama, y salir volando de alegría. «Soy especial. Ahora, sí.» Ella sabía que los pintores solo plasmaban a gente importante.

Mamá le pidió que se sentara sin moverse en una silla. «Ya que no vas a dormir, vas a ser mi modelo.» ¿Modelo? ¿Qué es eso? No podía estarse quieta del todo. Imposible.

Ella se preguntaba si lo estaría haciendo bien. Si ser modelo era hacer eso. Y se esforzaba tanto que le temblaban las mejillas de la tensión. La mirada de mamá bailaba de sus ojos a la tabla; de la tabla, a la paleta de óleo, y a sus ojos otra vez.

Era una mirada muy rara. Como sin mirar. Como sin querer. Como si estuviera lejos. La inquietaba un poco, y por eso, sin poder evitarlo, se reía de nervios. Entonces, mamá le dijo que ya era tarde. Había que dormir. Y ella, agotada, se fue en una nube de orgullo a la cama. «Mamá me está pintando a mí. Solo a mí.»

Hubo varias noches más con olor a óleo, silla incómoda y risita contenida en el salón.

Y el retrato fue cogiendo color, forma y profundidad. Empezó a mirar hacia fuera. Un poco triste. Como los ojos de mamá cuando le decía que, más que una niña, le había salido mal y parecía una chica. «Bueno, así serás de mayor.»

A mamá no le estaba gustando el cuadro para nada y lo guardó con todos los bocetos preciosos que no terminaba porque a ella nunca le gustaban. Nunca era suficiente.

Entonces, pasó un tiempo y, como una venganza de lágrimas contenidas, la humedad de Galicia fue empapando la caja de los cuadros descartados. El retrato y las demás obras de mamá se perdieron, podridas. Y papá las tiró.

Así que el cuadro, el olor a óleo y todas las emociones de aquellas noches en vela quedaron escondidas en su pecho como el recuerdo de un tesoro perdido. Como un secreto que a veces dejaba escapar para poder contar que su madre, una vez, la había pintado a ella, solo a ella. Para darse el capricho de vez en cuando de sentirse importante, casi una obra de arte.

2018. Después de acostar a los niños, se sentó frente al ordenador para contestar los correos acumulados.

Era tarde y se le cerraban los ojos.

Siempre había dormido muy poco y, a pesar de saber que no era nada sano, aún seguía esperando al amanecer.

A veces velando, a veces escribiendo y otras veces solo so-ñando.

Y de repente... ¡bum! Tres décadas después, estaba ahí, en su pantalla. No podía creerlo.

Una imagen de su retrato. Su padre se la había mandado en un mensaje: «Mira lo que hemos encontrado». ¡Le ha-bían hecho una foto y se había salvado!

El corazón le salía del pijama de nuevo, pero con muchas más ganas de volar esta vez, y las lágrimas no fueron capa-ces de esperar a la siguiente sorpresa.

«No es la imagen de una foto, María, hemos encontrado el original. Mamá lo había guardado en otro sitio. Con las telas buenas y los recuerdos importantes.»

No se había estropeado. Solo había estado esperando pa-cientemente, como si el Universo lo hubiera preservado con un fin.

Hasta el momento preciso en el que ella pudiera entender que nunca fue una mirada triste lo que mamá dibujaba. Solo estaba inacabada.

Cuando lo tuvo en sus manos de nuevo, después de tanto tiempo, pudo notar los trazos gruesos que la definían reco-rriendo la tabla con sus dedos.

Y en ese momento fue cuando se dio cuenta de que falta-
ban todos los detalles.

Aún quedaba por dibujarse a sí misma los matices, las cica-
trices, los viajes, los errores, las partituras, las lecciones de
la vida, las alegrías y todos los recuerdos… La niña de ese
retrato aún no había vivido, aún no conocía a las tres her-
manas que tendría en unos años. Ni a los tres hijos que la
estaban esperando.

Mamá había puesto el alma y los colores. Las formas. Los
principios. Ahora le tocaba a ella seguir terminando esa
mirada.

Y como si fuera un espejo en lugar de un cuadro, ella se
observó muy dentro. Hasta el primer trazo. Hasta el pin-
cel manchado. Hasta la mano, la piel y el corazón de
mamá.

Se reencontró a sí misma allí, donde todo había empezado,
donde nunca había dejado de ser una pequeña y valiosa
obra de arte.

Y se dio el permiso, la ilusión y las fuerzas para seguir di-
bujándose por ellos… llenándose de colores para sus tres
pequeños bocetos.

AGRADECIMIENTOS

A Jane Nelsen y Lynn Lott, por su generosidad y su trabajo para construir un mundo mejor desde la paz en los hogares y las escuelas. Vuestro trabajo me ha enseñado a ser mejor madre y mejor persona.

A Marisa Moya, por haber sabido mantenerse niña y contagiarnos a todos con su luz. Gracias eternas por decir siempre sí a cuidar la infancia.

A Gina Graham y Gigi Núñez, por contagiar al mundo de equilibrio y sencillez.

A Kristian Orozco por ser Kristian Orozco, indescriptiblemente necesario, gracias por seguir siendo *boy at heart* y por compartir tu esencia.

A Elena Couceiro, por ser el hada madrina de este proyecto y tener una sensibilidad especial para inspirar cosas bonitas.

A Nacho Crespo, por fiarse de mí, ¡qué locura!

A Isabel Cuesta, por hacerlo todo divertido y supermolón; por su autenticidad arrolladora. Y a Dani, por quererla y cuidarla como se merece y por ser ejemplo de padre y marido.

A Leo Farache y al equipo de Gestionando Hijos, por darme la oportunidad de formar parte de su familia.

A Mamen, por ser un referente de **amor** en mi vida; a Felipe, por la definición de **sensamientos**; a Bettina, por enseñarme qué es el **sentido común**; a Mayte Velasco, por su ayuda intempestiva, y a mis compañeras de DP a lo largo y ancho del mundo. ¡Imposible nombrarlas a todas!

A mi familia y a todas las personas que, a pesar de mí, llevan a mi lado desde el principio y se han quedado ayudándome a ser quien soy. Y a todas las recién llegadas, por parecer de toda la vida.

A Luis Vallecillo, por verme, por «complicarse» la vida para salvarme en todos los sentidos y de todas las formas posibles. Por ser Sol.

A todos los problemas que he tenido, por romperme mil veces, y mil veces hacer que me levante.

Y en especial, a todas las familias que quieren **educar bonito**, gracias de parte de vuestros hijos.